Die Einheit in der Vielfalt

.

Dieses Buch widme ich der tragenden Energie,

der gesamten Welt.

Manch einer nennt sie Herrscher der Welt, Gott oder Allah.

Ich nenne sie Vater oder Bruder.

Marianne & Peter Reiß

Die Einheit in der Vielfalt

Bibliografische Information der Deutschen Nationalbibliothek:
Die Deutsche Nationalbibliothek verzeichnet diese Publikation in
der Deutschen Nationalbibliografie; detaillierte bibliografische
Daten sind im Internet über http://dnb.dnb.de abrufbar.

Illustration: Stefan Reiß

Herstellung und Verlag: BoD – Books on Demand, Norderstedt

ISBN: 9-78373-572-3024

Inhalt

Vorwort

So wie unser erstes Buch, „Wir sind alle Teil des Ganzen", so ist auch dieses Buch eine Zusammenarbeit zweier Dimensionen. Wir, meine Frau Maria Anna und ich, auf dieser Seite und Gott, der Vater aller Menschen, auf der anderen Seite.

Alles was bisher geschah, ist immer der Wille eines jeden einzelnen mit der Zustimmung des Vaters.

Vom Prinzip her wäre dieses Buch eine Fortsetzung von „Wir sind alle Teil des Ganzen", denn es ist inhaltlich eine Ergänzung. Die Erlebnisse der letzten Zeit und die Gedanken, die daraus entstanden sind, wurden hier niedergeschrieben.

Ein Teil unserer Aufgabe ist es, den Menschen die Angst vor einer fragwürdigen Zukunft zu nehmen. Wir sind nie alleine mit unseren Sorgen und waren es auch noch nie.

Die Freiheit der Gedanken macht es möglich, seine eigene Freiheit selbst zu bestimmen. Nicht einmal die Vergangenheit hat das Recht die Zukunft zu bestimmen. Sie hat aber die Möglichkeit die Zukunft zu glätten.

Wer um die Kraft der Freiheit bittet, der wird sie bekommen.

Natürlich gibt es genügend Menschen, die diesem Buch und seinen Ausführungen nicht folgen können oder wollen. Es ist ihre Wahrheit aus dem Leben, das sie führen, und dieses Buch ist ein Teil meiner Wahrheit, die ich lebe.

Am Ende unserer Lebenszeit werden wir das Paradies erreichen, von dem wir immer träumten, wenn wir es nicht schon hier gefunden haben.

Die Macht

Einer der Grundpfeiler dieses Lebens ist die Macht. Ich meine, die Macht der Gewalt.

Es ist nur ein Wort, aber es ist das schwierigste, das gefährlichste und das heimtückischste Wort das ich kenne.

Die Macht in der Ehe und in der Familie, in den Firmen und in den Schulen und Kirchen. Überall, wohin man guckt sieht man die Macht der Gewalt.

Von jedem Menschen wird sie benutzt, gebraucht, verwaltet, und in kleinen Portionen wieder weiter verabreicht mit dem Ziel immer noch ein Stück weiter an sein gestecktes Ziel zu kommen. Manchmal absichtlich und viele Male in vollkommener Unwissenheit.

Es ist vielleicht etwas einfach ausgedrückt, aber die Macht der Gewalt ist immer dann zugegen wenn wir nicht in der Liebe sind.

Warum

Die Frage nach dem „Warum man Macht ausübt" ist leicht beantworte. Man will etwas haben, was einem nicht gehört oder seine Meinung verbreiten, unter den Menschen, die einem nicht zuhören wollen. Geltungsbedürfnis und die Suche nach Anerkennung sind ebenfalls noch Gründe für ein streben nach der Macht. Diese wird dann, je nach Erfahrung, mit allen zur Verfügung stehenden Mitteln, ausgeübt.

Das Eigenartige an der ganzen Angelegenheit ist nur, dass sich dieses Verhalten durch alle Lebensbereiche hindurch, beobachten lässt.

Das beste Beispiel sind kleine Kinder. Unser Enkel ist gerade mal siebzehn Monate jung und schon hat er das Bestreben seinen Willen der Mutter oder uns gegenüber durchzusetzen. Bis zu einem gewissen Grad ist es vollkommen in Ordnung wenn man seinen Willen anzeigen kann. Es zeigt seinem Gesprächspartner, dass man weiß was man will. Doch bei diesen Kindern ist es ein Leichtes sie mit ein paar Worten auf andere Gedanken zu bringen.

Doch in dem Moment, in dem ein erwachsener Mensch zu seinem Willen auch noch die Macht der Gewalt ins Spiel bringt artet ein Wortspiel immer in ein Machtspiel aus.

Ein Teil dieses Spiels mit der Macht kommt aus dem Egoismus des Einzelnen. Es macht Spaß die Macht auszuüben und dem anderen Menschen zu zeigen, dass er das machen muss was man von ihm verlangt zumal man genau weiß, dass er es freiwillig nicht machen würde. Besonders schlimm ist es, wenn zu diesem Machtgedanken auch noch die Genugtuung hinzu kommt; dem habe ich es aber jetzt gezeigt. Eine Steigerung ergibt sich noch aus einer Abhängigkeit, Eltern oder Arbeitgeber, heraus, die nicht so einfach geändert werden kann.

Wir alle wurden und werden mit diesen Machtspielen erzogen und wachsen damit auf. Wir lernen es von den Eltern und allen Mitmenschen mit denen wir zusammenleben.
Es ist auch ein absolutes Fehldenken wenn man meint, dass ein Kind im Kleinkindalter noch nichts mitbekommt. Kinder bekommen alles mit. Vieles nur in kleiner Dosierung, aber gerade diese kleine Wiederholung ist es, die einem Kind sagt, dass es auf dem scheinbar richtigen Weg ist. Je älter man wird, je mehr vertieft

sich dieses Machtspiel. Die ganze Entwicklung einer Persönlichkeit richtet sich an seinen Ereignissen aus. Sind diese Erlebnisse in der Jugend eines Menschen mit viel Macht und Gewalt durchlebt worden, so bleibt es fast ein Leben lang erhalten.

Wie lange alte Denkmuster der Macht in der Erinnerung bleiben zeigt ein Sprichwort aus dem Alten Testament: Auge um Auge, Zahn um Zahn. Nach fast 3000Jahren, hat es noch heute seine angebliche Gültigkeit nicht verloren. Immer wieder wird bei besonders schweren Verbrechen nach Vergeltung und Rache gerufen.

Wo

Wo kann man denn dieses Machtspiel am besten beobachten? Überall und immer, wäre die richtige Antwort. Ich möchte es, aber doch etwas deutlicher sagen. Alle unsere Unterhaltungen sind im Prinzip von einem Machtspiel unterlegt. Man sagt seine Meinung und im gleichen Moment bekommt man eine anders lautende Antwort. Oft noch als Unterbrechung mitten im Satz. Man fragt nicht ob man seinen Gesprächspartner unterbrechen darf, man macht es einfach.

Es gab in meiner Schulzeit nie ein Unterrichtsfach in dem man Gespräche führen gelernt hat. Zwar gab es einige Hinweise, dass man niemanden im Gespräch unterbrechen sollte, aber geübt oder gelernt hat man dieses Kulturgut nicht.

Machtspiele kommen nicht von alleine. Sie entwickeln sich immer aus den verschiedensten Gesprächen heraus. Sind es Gespräche zwischen Vorgesetzten und Untergebenen so wird es nie ein Streitgespräch geben. Mir fällt gerade ein dazu geeigneter Spruch ein, der ganz typisch für den deutschsprachigen Raum ist. „Paragraph 1: Der Boss hat immer Recht.

Paragraph 2: Doch sollte der Boss mal nicht Recht haben tritt automatisch Paragraph 1 in Kraft."

Es hat dadurch in allen Verbänden, Institutionen und Machtzentren den Vorteil, dass hier immer eine gewisse Ruhe herrscht. Dieses Meinungssystem ist das was wir alle kennen. Streitgespräche mit höher gestellten Machtmenschen haben noch nie zum Vorteil geführt.

Gespräche zwischen zwei oder drei gleichgestellten Gesprächspartnern ergibt sich ein Machtspiel fast von alleine. Man will Recht haben, seine Meinung soll gelten, egal was der Andere davon hält. Es ist manchmal unser Geltungsbedürfnis, das uns zu Streithähnen macht.
In solchen Unterhaltungen sollte man immer daran denken, dass jeder seine eigene Wahrheit hat, die sich auch in seiner Meinung widerspiegelt.

Eine der interessantesten Machtspiele ist der Kampf der Geschlechter.
In der Ehe und in den Familien spielt sich ein fast unberechenbarer Widerstreit einer gegen alle oder alle gegen einen ab. Die Vergangenheit ist prägend in der Gegenwart. Wir merken es nicht einmal wie wir in vorgefasster Meinung aufeinander losgehen. Man sieht es fast schon als normal an, wenn der Mann die Gewalt durch eine Drohung untermauert, in jedem Satz seiner Gespräche kommt es dann zum Ausdruck. Das Wort „Ich" wird zu einem Hauptwort und das „Du" kommt nur dann zur Geltung wenn das „Ich" dem „Du" einen neuen Auftrag gibt. „Du solltest mal wieder...oder ich brauche...und kannst du mal..."

Das gleiche Spiel von der Geschlechter Gegenseite „alle Menschen ändern sich im Leben einige Male, warum nicht auch mein Mann? Aber bitte gleich und so wie ich es will".

Wie

Hier gibt es zwei große Unterschiede, das männliche und das weibliche Machtspiel.

Das Erste ist recht einfach. Ich will und du musst. Damit ist eigentlich alles gesagt. Die Körpersprache unterstützt dabei alle Worte. Es ist ein Machtspiel, das fast so alt ist wie die Menschheit selbst.

Das zweite und weibliche Machtspiel ist zwar gleich alt, aber es ist bedrückender. Es spricht die Gewalt nicht offen aus sondern versteckt sie hinter anderen auch emotionalen Möglichkeiten. Dem Partner ein schlechtes Gewissen machen oder ihn mit anderen vergleichen gehört zu diesem Spiel.

Ich habe so den Eindruck als ob die Streitlust von dem Willen einer baldigen Trennung abhängt. Will ich mich komplett vom Partner trennen und das sofort? Oder weiß ich noch nicht was ich will und versuche erst einmal herauszubekommen, was der Andere kann und möchte. Die Heftigkeit der Streitgespräche nimmt mit der Zeit zu. Je heftiger man streitet, je weniger hat man mit dem Anderen noch ein Erbarmen. Am Ende ist das ganze Verhältnis ein einziger Scherbenhaufen und niemand weiß, wie man sich später wieder in die Augen schauen kann.

Eine der gemeinsten und hinterhältigsten Gewaltausübungen ist das Mobbing. Es kann nicht nachgewiesen werden. Jemand der diese Mobbinggewalt erfahren hat bekommt nie die Möglichkeit es zu beweisen. Es sei denn, dass der Gemobbte mit gleicher Qualität zurückschlägt und das noch mit Zeugen. Eine solche Handlung kommt wirklich sehr selten vor. Denn das Umfeld eines Gemobbten wird schon sehr früh vorbereitet um die Wirkung noch zu erhöhen.

Aus vielen Gesprächen und den verschiedensten Dokumentationen aus dem Fernsehen, weiß ich, dass die meisten Menschen Gewalt ablehnen. Was sie alle nicht wissen, ist, dass es Unterschiede der einzelnen Gewaltstufen gibt. Sie sind nicht immer wahr zu nehmen.
Unser Kollektivdenken in der Gesellschaft setzt bereits bestimmte Maßstäbe. D.h. eine bestimmte Gewaltvorstellung hat jeder von uns. Noch vor Jahren war es absolut normal wenn Kinder von ihren Eltern mit Gewalt dahin gebogen wurden, wohin die Eltern sie haben wollten. Heute gibt es bereits ein Gesetz gegen die Prügelstrafe in den Familien, was natürlich noch nicht die gewaltfreie Familie bedeutet.
Keine Gesetze ändern die Denkweise einer Gesellschaft, es fordern sie nur zum Umdenken auf.
Ob sich allerdings die Gesellschaft ändert oder nicht, das hängt von seinen Vorbildern ab und Vorbild sind wir alle.

Kritik

In der Familie beginnt es und im täglichen Leben wird es fortgesetzt: die Kritik.
Die Frage ist nicht nur, ob sie richtig ist, sondern ob sie auch zum richtigen Zeitpunkt kommt. Denn, wenn man sich gegen etwas wehrt, also Kritik übt, greift man einen bestehenden Prozess an. Man hat eine andere Meinung.

In der letzten Zeit habe ich in meiner Umgebung festgestellt, dass Kritik oder auch ein Meinungsaustausch, vielfach falsch verstanden werden kann. Es wird oft als störend empfunden, und zwar nicht von demjenigen der in seinem Denken unterbrochen wird, sondern von den anderen Mitmenschen, denen es lieber wäre, wenn man einfach allem, was vorgeschlagen wird, fraglos zustimmt, um sich so schnell wie möglich wieder seiner Tätigkeit zuzuwenden. Für mich heißt das dann aber auch, keine Verantwortung übernehmen. Der Andere hat gesagt und wir haben es ausgeführt. Mir fällt das Wort Kadavergehorsam in diesem Zusammenhang ein.

In großen Firmen hat die Kritik wenig Wert, nur die wenigsten Menschen können die Hintergründe eines Arbeitsplatzes erkennen. In der Öffentlichkeit hat die Kritik nur dann einen Wert wenn die kritische Masse eines Volkes eine bestimmte Größe erreicht hat ansonsten kann man seine Kritik nur bei einer Wahl verwirklichen. Kritisch wird es für die Wähler die mit keiner Partei zufrieden sind.

Parteienspiele der Politiker sind Machtkämpfe in einer abgehobenen Arena. Nur die Folgen aus diesen Kämpfen hat das Volk zu tragen.

Wie immer, bei allen solchen Beispielen, trifft es nicht auf jeden Menschen zu, aber von einem gewissen Querschnitt kann man schon reden.

Die Vorbereitung einer großen Seele

Es müssen viele Schritte gemacht werden um einen Weg zu vollenden. Ich möchte an dieser Stelle mal den Weg meiner Frau, Maria Anna auch Marianne genannt, beschreiben.

In unserem ersten Buch „Wir sind alle Teil des Ganzen" steht die gesamte Chronik von ihr. In ihr steht geschrieben, dass sie in diesem Leben alle Seelenanteile von der Gottesmutter Maria hat.

Den Weg, den sie heute geht, den Weg der Liebe, ist vor ca. vier Generationen beschlossen und begonnen worden. Ihre Ur-Ur-Großmutter mit Theresia zum Vornamen, war die erste Frau in der Ahnenreihe die mit zwei marianischen Seelenanteilen auf die Welt kam. Sie lebte ab ca. 1810 auf dieser Welt und versuchte damals schon den Weg der Liebe, in der Familie, vorzubereiten.

Jede Seele, die auf die Erde kommt, besteht aus elf Teilen. Der erste Teil ist der Teil einer Seele der auf die Erde will. Dieser Teil bringt auch seinen Geist mit und trägt daher auch die Verantwortung für diesen „Spaziergang". Alle anderen zehn Seelenanteile, die noch zu diesem „Spaziergang" gebraucht werden, sind zur Unterstützung der ersten Seele da.

Die Heimat der Familie meiner Frau war damals das Königreich Böhmen, im heutigen Böhmerwald in Tschechien. Die damalige Zeit war für die Landarbeiter, die weder Haus noch Hof hatten, sehr schwer. Die Menschen führten ein sehr karges Leben. Theresia, Mariannes Ur.-Ur.-Großmutter war die erste Mutter, die an diesem Spiel mit der Liebe teilnahm. In all dieser Lebenshärte hatte man für die Liebe und das Familienleben nicht viel übrig. Man war froh wenn jeder leben konnte. Ein liebevolles Leben war nur bedingt möglich.

Mariannes Urgroßmutter, Sidonia, hatte bereits vier Seelenanteile von der Maria. Ihre wirtschaftliche Situation war bei ihrer Geburt 1841immer noch nicht gut, aber sie waren alle mit dem Leben zufrieden.
Ihre Großmutter Maria, geb. 1873, so sagten die Leute später, war eine liebe Frau. Sie hatte bereits sechs Seelenanteile der Mutter Maria.
Meine Schwiegermutter, die Mutter meiner Frau, kam dann im Jahre 1913 mit acht marianischen Seelenanteilen auf diese Welt. Auch sie hieß Maria. Wenn ich sie beschreiben müsste, würde ich nur sagen: „Sie lebte die Liebe".

Ihr Mann, Mein Schwiegervater, Rudolf, der ebenfalls aus der Marienfamilie stammt, war für mich immer die Ruhe selbst.

Mit der Geburt ihrer Tochter waren alle Vorbereitungen abgeschlossen. Ein Mitglied der Marienfamilie, gewappnet mit zehn weiteren marianischen Seelenanteilen, kann seine Aufgabe beginnen.

Natürlich beginnt diese Aufgabe nicht in der Kindheit oder im frühen Erwachsenenalter. Eine solche Aufgabe, wie sie sie übernommen hat, ihren Mitmenschen wieder einmal die Liebe zu bringen, kann nur mit viel Lebenserfahrung einhergehen.

Als wir die ersten Kontakte mit der geistigen Welt aufnahmen, waren wir bereits über fünfzig Jahre alt und bereiteten uns langsam auf die Rente vor.

In der Zwischenzeit ist unser Reinigungsprozess abgeschlossen, und wir befinden uns in einem dauernden Gedankenkontakt mit der geistigen Welt.

Aus unserem täglichen Leben

Es kann nicht alles gelingen

Frau G. ruft an und erzählt Marianne von ihren Rückenschmerzen die Marianne vor zwei Tagen behandelt hat. Es hat nur zwei Tage gedauert bis die Schmerzen verschwunden waren. In der Vergangenheit und mit Medikamenten verging eine Woche, bis die Schmerzen aufhörten.

Es war Ende März als uns Frau S. besuchte. Sie ist eine Freundin von Frau G. und hatte zuvor mit uns diesen Termin ausgemacht. Zwei Schülerinnen von uns, C. und K. die ebenfalls anwesend waren, haben die Fähigkeit eine Krankheit oder eine Unstimmigkeit im Körper zu erkennen.

Frau S. erzählte uns von Ihrer Kieferoperation und dass sie immer noch Schmerzen habe. Ein Teil der Taubheit, wie sie bei einer Zahnoperation üblich ist, sei immer noch da. Ein brennendes Gefühl sei ebenfalls noch vorhanden. Obwohl sie seit der OP Schmerzmittel nimmt sind diese unangenehmen Gefühle nicht verschwunden.

C. und K. hatten nun die Aufgabe mit ihren Fähigkeiten nach dem Grund der Unstimmigkeit im Körper der Frau S. zu suchen.

Marianne suchte ebenfalls danach. Übereinstimmend stellten alle drei Frauen Blockaden im Energiefluss fest. K. und Marianne fanden zudem noch Probleme im Magenbereich. C. die in ihrer Ausbildung noch nicht so weit ist, sah im Körper der Frau S. einige Seile mit Knoten. Dieses Bild stellte für C. eine Blockade der Energie dar.

Nach dieser Absprache oder gegenseitiger Information, löste Marianne die Blockaden oder Knoten auf und sandte noch Heilenergie in den Körper. Da Marianne eine solche Transformation alleine nicht durchführen kann braucht sie einige Helfer und die waren der Vater[1], Spirit, Sananda und Raphael. (In der Zwischenzeit hat sie die Möglichkeit bekommen selbst zu entscheiden, dass eine Heilung einsetzen kann.)

Drei Tage später erkundigte sich Marianne noch einmal per Telefon nach dem Befinden der Frau S. Es sei noch nicht besser geworden meinte sie, und klagte immer noch über die Schmerzen. Das Gespräch wurde beendet mit dem Versprechen noch einmal nach ihr zu schauen. Da sich beide Frauen jetzt kennen geht so ein Nachsehen auch aus der Ferne. Nichts konnte Marianne bei ihr finden und fragte daher auch noch bei ihren himmlischen Helfern nach. „Es ist alles in Ordnung" hat es von drüben geheißen, die Blockaden sind fort und sie dürfte keine Schmerzen mehr haben.

Nach ca. 14 Tagen bekamen wir von Frau G. die Nachricht, dass es der Frau S. immer noch sehr schlecht gehen würde. Alles sei wie bisher. Sie nehme auch noch immer ihre Tabletten. Um die Wirkung der Transformation zu erfahren, müsste sie die Medikamente absetzen, haben wir ihr bereits während ihres Besuches bei uns gesagt. Es entspricht auch einer gewissen Logik,

---

[1] Vater - Gott; Spirit - Heiliger Geist; Sananda - Jesus Christus; Raphael - ein Engel und die männliche Seite der Marianne und Maria

dass man mit dem Einen aufhören muss, um das Andere zu erfahren. Sie schilderte schon beim ersten Gespräch ihre große Angst vor den Schmerzen, wenn sie die Tabletten weglassen würde. Denn mit den Schmerzmitteln wären die Schmerzen erträglicher als ohne. Sollten die Schmerzen, nach der Transformation nicht weg sein so brauchten die Tabletten ca. drei Tage bis sie wieder greifen würden.

Vor lauter Angst wird sie wahrscheinlich die medikamentöse Therapie nicht abgebrochen haben. Deshalb auch die Nachricht, dass es ihr immer noch sehr schlecht geht.

Die Grundvoraussetzung für eine Besserung ihres Zustandes ist immer das Vertrauen auf Gott und seine Heilungskräfte.

Leider konnten wir der Frau S. nicht weiter helfen um dieses Vertrauen in ihr aufzubauen. Sie kam nicht mehr zu uns.

Fronleichnamsfest

Heute haben wir uns mit dem Herrgott, dem Vater aller Dinge, mit unserem Bruder, unterhalten. Marianne, seine weibliche Seite, Maria hier auf Erden, war die Mittlerin.[2]

Sie unterhielt sich zuerst mit ihm allein. Da ich neugierig war wollte ich wissen mit wem sie sich gerade unterhielt. Denn ihre Gedanken waren beim Fest Fronleichnam. Sie ist mit diesem Fest aufgewachsen und hat es heute, ich glaube zum ersten Mal, nicht miterlebt. Es war ihr freigestellt zum Fest zu gehen oder nicht. Ich wollte nicht hin. Meine Begründung war, dass ich die alten Zeiten der kath. Kirche, besonders an solch einem Tag, nicht mehr in mich aufnehmen möchte.

---

[2] Vgl. Reiß, Peter & Maria Anna (2008): Wir sind alle Teil des Ganzen, Kapitel ‚Chronik der Maria'.

Worte des Vaters

Der Grundgedanke bei der Einführung des Fronleichnamsfests war eigentlich eine Zeitenwende. Dieses Fest sollte eine alte und eine neue Zeit anzeigen. Es sollte quasi eine Trennung zwischen einer alten und einer neuen Zeit darstellen. Er, der Vater, wollte uns mit diesem Fest zeigen, wie stark seine Liebe über den Sohn zu uns Menschen wirken könnte. Es sollte das Verständnis über die Einheit zwischen dem Vater, dem Sohn und der Menschheit aufzeigen. Durch die Prozession ist die Verbindlichkeit der Darstellung einer Gemeinschaft von Mensch und Gott angezeigt.

Die Prozession soll gleichzeitig die Zeit auf Erden darstellen die wir Menschen und Gott gemeinsam gehen. Miteinander in jedem Augenblick. Er ist immer bei uns, bei jedem Menschen.

Jeder Mensch soll seinen Weg auf dieser Welt so gehen wie er möchte, mit und in all der Schönheit dieser Welt und seiner Natur.

„Ich bin der Stein unter euren Füßen,
ich bin die Sonne am Himmel,
ich bin die Blume am Wegesrand,
ich bin die Luft zum Atmen.
Auch wenn eine Blume mal zertreten wird,
so wird doch im nächsten Moment eine neue erblühen.
Der Tod ist immer ein neuer Anfang.
Ein Anfang für den der geht und für den der bleibt.
Wie bei den Blumen in der Natur.
Wir sind alle gleich".

In der Zwischenzeit ist ein Jahr vergangen. Heute ist wieder ein Fronleichnamsfest und wie früher, sind wir in die Kirche gegangen. Natürlich hat sich nichts geändert. Die Menschen sind immer noch die Gleichen. Man freut sich, alte Bekannte zu sehen. Das Wetter ist heute Morgen, aber nicht so gut um den Gottesdienst im Freien zu feiern, also bleiben wir in der Kirche.

Die Musikkapelle beginnt zu spielen und ich spüre in mir die große Freude des Himmels. Alle unsere Lieben, die sonst auch in unseren Gesprächen bei uns sind, sind heute bei uns im Gottesdienst. Sie feiern mit uns. Ihre Energie der Liebe drückt mir die Tränen in die Augen. Mit geschlossenen Augen verfolge ich einen Teil der Messe, denn weder lesen noch singen war mir möglich. Die Geborgenheit und das Wissen, in den Armen des Vaters zu sein, ist für mich an diesem Tag das schönste Gefühl.

Die Lieder, die heute gesungen wurden, waren, wie in jeder Messe, gleicher Art. Erst ein Preisen des Herrn und dann die Bitten um die Zukunft. Dabei ist es egal um was gebeten wird, ob Gesundheit oder das Wohlergehen, es geht schließlich immer um das Morgen.

Mir ist heute etwas ganz anderes aufgefallen. Wenn ich den Gottesdienst und das Leben der Gemeindemitglieder zusammen nehme, dann die Bitten um die Zukunft weglasse, sondern daran denke, dass jeder in erster Linie selbst für seine Taten verantwortlich ist, so bleibt dieses Hochgefühl viel länger in mir.

Selbstverständlich will und wird der Herrgott uns helfen, wenn wir ihn darum bitten. Aber sind unsere Bitten richtig ausgesprochen? Oder muss ich nur um ein gutes Gelingen bitten. Die Bitte allein habe ich doch meist schon viel früher durchdacht. Neale Donald Walsh gibt in einem Buch den Herrgott in etwa folgender Maßen wieder: Warum bittet ihr wenn ihr alles haben könnt, ihr braucht es euch nur nehmen. Den Weg dahin müsst ihr selbst gehen. Ich kann ihn nur durch meine Liebe erleichtern.

Der heutige Feiertag bedeutet doch vordergründig immer erst die Gemeinschaft zwischen Menschen und Gott. Mir aber kommt es so vor, als ob der Mensch das Leben auf dieser Welt in zwei Teile teilt. Der eine Teil gehört dem Kampf auf dieser Welt und der andere gehört am Sonntag oder einem solchen Tag wie diesen für eine Stunde dem Herrgott.

Wenn wir das Vertrauen aufbringen könnten, dass der Vater, im Himmel oder wo wir ihn sonst noch suchen, überhaupt nicht gesucht werden muss, so könnten wir um einiges leichter leben. Er ist in uns, in jedem Einzelnen von uns. Wir sind aus seiner Energie.

Mariannes Energiebegleitung

Die Erfüllung

Frau K, eine Schamanin, wollte Marianne helfen ihren Gesundheitszustand zu verbessern. Sie konzentrierte sich also auf ihre Aufgabe und sah eine dunkle Gestalt, die so stark war, dass sie ihre Hilfeleistung abbrechen musste.
Am nächsten oder übernächsten Tag konzentrierte sich Marianne auf diesen Schatten. Sie fragte ihn warum er nicht gehen will da er nicht zu ihr gehöre. Aber seine Antwort war verblüffend: "Ich gehöre doch zu dir". Soll ich dir Licht und Liebe schicken und dich abholen lassen, war ihre nächste Frage. „Nein, ich habe hier doch alles was ich brauche und mir geht es doch gut". Wer bist du denn überhaupt, was machst du bei mir, fragte sie ihn und die Antwort war wieder einmal sehr überraschend:

„Ich bin dein Begleiter in all deinen Inkarnationen. Alle deine Leben habe ich mit dir zusammen verbracht. Alles was du erlebt hast, habe ich auch miterlebt. Ich war dein Begleiter für das Gute. Ein Begleiter der dich immer wieder auf den rechten Weg gebracht hat, wenn du ihn verloren hattest. Ich habe dich immer daran erinnert wenn du nicht mehr weiter wusstest. Es war schön bei dir und langweilig war es auch nicht in deiner Nähe. Jede Inkarnation war so ausgefüllt, dass ich geduldig auf die nächste warten konnte. Nie brauchte ich in der Zwischenzeit eine andere Aufgabe. Doch jetzt ist meine Aufgabe bei dir beendet. Du brauchst mich nicht mehr für deinen weiteren Weg. Du hast dich für den neuen Weg entschieden. Du hast die neue Aufgabe angenommen und kannst nicht mehr vom Weg abweichen. Das war auch der Grund warum man mich gesehen hat. Denn deine Seele braucht mich nicht mehr.
Ich war für dich die Erfüllung, da du nach meinem Namen gefragt hast. Einen Namen, wie du ihn hast, habe ich nicht. Die Erfüllung deiner Aufgaben, die du dir vor jeder Inkarnation ausgesucht hast, war ich. Du kannst mich auch die Erfüllung nennen.
Ich bin eine freie und ungebundene Energie, die niemandem unterworfen ist. Ich komme aus der gleichen Seelenfamilie wie du und habe mich dir zur Verfügung gestellt. Auf der einen Seite finde ich es schade, dass ich dich verlassen muss. Ich war gerne bei dir und traurig bin ich auch darüber, aber andererseits freue ich mich, dass du mich jetzt nicht mehr brauchst. Du bist auf dem richtigen Weg.
Ich gehe jetzt aus deinen Diensten, mit der Bitte, wieder kommen zu dürfen und ich freue mich über deine Zustimmung mich wieder zu empfangen. Selbstverständlich werde ich nur als dein Gast in deiner Nähe sein und nicht mehr wie bisher in deinem Körper".

Die Frage nach einer neuen Aufgabe konnte sie, „die Erfüllung", noch nicht genau beantworten. Dafür ist alles noch viel zu neu an dieser Situation. Aber mir kam die Idee, dass sie die Seele unserer Enkeltochter oder unseres Enkelsohnes von der Sylvia begleiten könnte. Diese Idee ging mir sekundenschnell durch den Kopf, aber genau weiß ich es nicht. Sie wird es mir später einmal sagen welche Aufgabe sie übernommen hat.

In der Zwischenzeit, vielleicht Wochen später, haben wir von dieser Energie erfahren, dass sie unser Enkelkind begleiten darf. Am 18.10.08 hat Sylvia einen Sohn geboren, sein Name ist Nandu.

Die Freiheit der Energie

Ich möchte noch einmal auf „die Erfüllung", von Marianne zurückkommen. Die Bezeichnung der freien Energie interessierte mich, denn ich wollte wissen was damit gemeint war.

Seine oder auch ihre Antwort war für mich nur logisch und daher auch keine Überraschung.
„Wir alle sind Energiewesen, die frei in ihren Entscheidungen sind. Jeder kann sich eine Aufgabe suchen von der er überzeugt ist mit ihr und an ihr wachsen zu können. Alles sind Aufgaben die mit der Liebe im Zusammenhang stehen. Nichts geht ohne die Liebe".

Jedes Energiewesen möchte die Liebe in seiner Vollkommenheit auf dieser Erde verstehen lernen.

Alles kommt aus der Energie und der Liebe die der Vater aller Dinge in und durch seinen Gedanken schuf. Diese Energie, dieses Licht ist auch das Entstehen oder der Beginn von allem was wir als Weltall betrachten. Wir, die Energie dieses Lichtes, sind die Weiterentwicklung von allem was ist. Er, den wir Vater nennen, ist der Gedanke von allem was ist und wir die frei entscheidenden Ausführenden. Jeder Gedanke, den wir erkennen und den wir ausführen, also entstehen lassen oder auch verwirklichen, verwirklicht und erweitert auch den, der uns verwirklicht hat. Wir sind die Herrlichkeit seiner Herrlichkeit. Wir sind die Liebe seiner Liebe. Einer Liebe, die in so vielen Varianten entstanden ist. Jede neue Geburt, mit neuen Eltern, gibt immer wieder eine neue Möglichkeit, die Liebe anders zu erkennen oder anders zu leben.

Jedes Mal, wenn wir in der anderen Dimension, drüben, etwas Neues gelernt haben, möchten wir es in dieser Welt ausprobieren. Wir möchten ausprobieren ob der gelernte neue Weg auch in einer anderen Umgebung, als in der himmlischen Welt, anwendbar ist.

Es gibt viele Welten im Universum. Alle sind in irgendeiner Form besiedelt. In allen diesen Welten kann jedes Energiewesen immer einen Weg, den es gehen möchte, ausprobieren. Nur, und das ist die Einzigartigkeit unserer Welt, auf dieser Erde können wir viele Wege gleichzeitig und auf einmal erleben und ausprobieren.

Eine Nachbarin

G. liegt im Sterben. Marianne war heute, 27.06.08, bei ihr. Sie sieht sehr schwach aus. Ich schreibe es auf, weil sich ihre Seele gestern bei uns gemeldet hat. „I bin`s, aber mir geht es nicht gut." „Komm wenn du mich brauchst" war Mariannes Antwort.

Am 30.06. hat G. ihren Körper verlassen. Als wir es erfahren hatten bat ich Marianne sie zu rufen. Ich wollte wissen wie es ihr geht.
Ihr ging es natürlich gut. Ihre Schmerzen waren nicht mehr da und sie sah den offenen Himmel vor sich, nur hineingehen wollte sie noch nicht. Ich bleibe noch ein bisschen bei meinen Kindern, sagte sie uns.
Während des Gottesdienstes, an ihrer Beerdigung, saß sie vor ihrem Holzsarg und schaute sich ihre Kinder und die ganze Trauergemeinde an. Sie war ganz gerührt von der so schön gestalteten Trauerfeier. Immer wieder sagte sie zu Marianne: „Gell, dass haben meine Kinder aber schön gemacht." Einige der Trauernden waren auch zum Essen nach der Beerdigung eingeladen, so wie wir auch. Dass dieses gemeinsame Essen mit allen ihren Lieben stattfand, machte ihr ebenfalls eine große Freude. Sie war hell begeistert von allem, was ihre Kinder organisiert haben.

Es war gegen Zehn Uhr vormittags des nächsten Tages als sie wieder bei uns war. Durch Marianne konnte ich einen Dialog mit ihr führen.
Sie wusste nicht was sie machen sollte, soll sie bleiben oder soll sie jetzt schon ins Licht gehen. Wohin sie gehen konnte wusste

sie von Anfang an, sie war nur unschlüssig und konnte sich nicht entscheiden. Sie wollte so gerne bei ihren Kindern bleiben und wusste doch, sie musste gehen.

„Gehe nur", war meine Antwort. „Du kannst immer wieder zu uns und deinen Kindern gehen. Niemand wird dich aufhalten. Es ist wie auf Erden auch, immer ist es dein freier Wille der entscheidet was du machen möchtest".

Später meldete sich Mariannes Mutter von Drüben. „Wir bereiten ein großes Fest vor, G. ist jetzt bei uns".

Auch G. kam etwas später zu uns um von diesem Fest im Himmel zu berichten.

Stadt der sieben Perlen

Christel und ihr Vater sind vor einiger Zeit aus dieser Welt gegangen. Erst der Vater und dann Christel, eine Freundin aus der Lehrzeit meiner Frau.

Wir unterhalten uns mit Christel und mittendrin sagt sie; sie müsse in die Stadt der 7 Perlen gehen.

„Es ist eine mittelalterliche Stadt und die Häuser haben viele Erker an den Außenwänden und die Dächer sind mit Türmchen verziert. Kleine Gassen reihen sich aneinander mit Häusern aus fester Energie. Kinder spielen in diesen Gassen und schauen mich im Vorübergehen an. Die ganze Gegend wird von der Sonne beschienen. Es ist nicht heiß sondern angenehm warm. Alles ist friedlich wie in einem Bild, ruhig und ausgeglichen wie in einem vertrauten Zuhause.

Musik ist zu hören, sie ist einfach da. Sie ist in der Luft, ohne Lautsprecher, ganz sanft wie von einem Xylophon gespielt, Musikwellen die immer weiter schwingen, auch wenn nicht gespielt wird.

Die 7Perlen beinhalten die Einheit, die Einheit aller Tugenden. Die größte Tugend ist die Liebe und das Vertrauen, dazu kommen noch die Zuversicht, Einheit, Vollkommenheit, Trost und Glückseligkeit.

Es gibt auch eine Stadt der 7 Tore und auch der 7 Türme. Mit der Zahl sieben ist die Vollkommenheit gemeint.
Die Stadt der Vollkommenheit ist gleichzeitig die Stadt der göttlichen Präsenz.
In der Stadt der 7 Perlen spürt man die göttliche Energie und in der Stadt der Vollkommenheit ist man in den Armen des Vaters - um auf den Unterschied der beiden Städte aufmerksam zu machen.

Die Stadt der Überprüfung gehört zum neuen Lernprozess, in ihr und in anderen Städten dieser Art kann man sich noch entscheiden ob man noch mal auf die Erde zurück möchte oder nicht".

Christel geht wieder zu ihrem Vater zurück. Er wartet immer noch auf der Wiese, wo sie ihn gerade zurückgelassen hat. Ich liebe meinen Vater, sagt sie noch, es wird ihm in dieser Stadt gefallen, diese Ruhe, dieser Frieden, einfach sein, mehr braucht es nicht.
Christel und ihr Vater wohnen heute in der Stadt der 7 Perlen. Jeder wohnt für sich und trotzdem wohnen wir alle beieinander, schildert sie uns. Jeder hat seinen eigenen Lehrer. Mit ihm schaue ich mir mein vergangenes Leben an und spreche mit ihm darüber.

Es spukt

Wir unterhalten uns am Telefon mit unserer Schülerin N. über einen Bekannten, der wiederum jemanden kennt, bei dem es in der Wohnung nicht immer mit rechten Dingen zugeht. Es spukt bei ihm. Noch während meines Gesprächs mit N. teilte mir Marianne bereits die Anwesenheit des Geistes mit. Zur N. sagte ich nur, dass ihr Bekannter mit Bewohnern der Wohnung aus dem Spukhaus zu uns kommen kann. Nach diesem Gespräch sagte mir meine Frau, dass die Seele immer noch bei uns ist.

Ich bat sie mit der Seele Kontakt aufzunehmen und wenn die Seele es möchte, würde ich mich gerne mit ihr unterhalten. Die Antwort kam prompt. Sie wäre schon lange bereit jemandem zuzuhören, wenn man sie nur hören könnte. Diese Antwort zeigte mir bereits, dass sie sich schon öfters bei jemandem aufgehalten hat, nur konnte sie sich nie bemerkbar machen.

Ich fragte diese Seele also ein bisschen aus und folgendes erfuhren wir von ihr.

„Mein Name ist Hermine von Leuchtenberg und ich wohnte in einem großen Haus welches meinen Eltern gehörte. Etwa 20Jahre war ich alt als ich an einer Lungenkrankheit starb. (Wahrscheinlich Tbc) Meine Eltern hießen Wilhelm und Agnes. Die Mutter war in ihrer Ehe sehr unglücklich, es war einfach keine Liebesheirat. Es könnte eine Zwangsheirat, zumindest eine standesgerechte Heirat, gewesen sein. Meine Mutter war eine liebe Frau konnte aber diese Liebe, die auch mir galt, nicht deutlich genug zeigen.

Vom Vater erfuhr ich keine Liebe. Er kümmerte sich nur um seine Kariere in seiner Gesellschaft. Wir wurden von ihm nur als Gegenstände betrachtet, manchmal auch als lästige Gegenstände. Für diese Ungerechtigkeit hasste ich meinen Vater. Als ich krank war verstärkte sich dieses Gefühl noch. Ich hatte immer öfter böse Gedanken gegen ihn. Ich verstand ihn nicht, er war doch mein Vater, ich brauchte doch seine Liebe. Wahrscheinlich war ihm seine Karriere wichtiger als seine Familie.

Wir hatten auch ein Kindermädchen, die Mathilde. Sie gehörte für mich zur Familie. Sie war immer bei uns und pflegte mich dann später auch als ich krank wurde.

Ich wusste bald, dass die Krankheit nicht heilbar war und wurde immer verzweifelter. Keiner hat mir geholfen die Krankheit zu besiegen. Ich wollte nicht sterben, ich wollte leben. Ich hatte noch so viel vor. Ich war doch noch so jung. Gerade mal zwanzig geworden.

Genau genommen war ich mit allen böse, mit den Menschen um mich herum und mit Gott. Er hat mir auch nicht geholfen, obwohl ich ihn dauernd angefleht habe, er möchte mich doch gesund machen. Von ihm habe ich, über meine Eltern, nur immer gehört, ich soll brav sein, denn er sieht und hört alles. Immer wieder habe ich gehört, dass man bestraft wird wenn man nicht das macht was einem gesagt wird. Also war ich auch mit ihm böse.

Als ich starb war niemand von meiner Familie bei mir, nur das Kindermädchen, die liebe Mathilde.

Während der Krankheit hatte ich immer große Schmerzen. Die Schmerzen der Krankheit und die Schmerzen in meinem Herzen. Es waren die Schmerzen der Einsamkeit und der Lieblosigkeit.

Ich habe die Schmerzen immer noch, seit dem Tag meines Sterbens. Es tut so weh".

Marianne nahm sich ihrer Schmerzen an und erklärte ihr, dass sie nur wollen müsste, dann würden die Schmerzen verschwinden. Sie wusste nicht, dass man auch in diesem Zwischenraum seine Wünsche erfüllt bekommt, wenn man es nur will. Kaum hatte sie diese Erkenntnis begriffen, als die Schmerzen auch schon verschwunden waren. Nur ins Licht schicken wollten wir sie noch nicht, es sollte gemeinsam mit den Mietern der Wohnung geschehen.

Marianne:
Am nächsten Morgen, bei meiner Meditation, war die Seele der Hermine auch dabei. Ich ging wie immer alle meine Stationen durch und kam zu meiner großen Seele. Als Hermine die große Helligkeit und das viele Licht sah, war es um sie geschehen. „Hier will ich auch hin, hier ist es schön hell."
Leider musste sie noch ein bisschen warten.

N. war gestern mit ihrem Berufskollegen D. bei uns. Er hat unser erstes Buch gelesen und möchte unser Wissen ebenfalls erfahren und auch im Beruf verwenden.
Schon zu Beginn unserer Unterhaltung erfuhr Marianne dass D.s Seele aus der Familie der Engel kam. Mit dieser Erkenntnis sah sie D. in einem hell erleuchteten Türrahmen stehen. Eine ungeheure Helligkeit und Energie begleitete ihn durch die Tür.

Wir sprachen auch über die Familie bei denen es spuken sollte. Die besagte Familie besteht aus den Eltern und ihren drei Kindern im Alter von ca. zwei, sechs und acht Jahren. Das Mädchen von zwei Jahren und ihr älterer Bruder sehen immer wieder eine Gestalt. Diese Gestalt kommt und geht in ihrer Wohnung herum, wann immer sie will. Der mittlere Bruder hat sich noch nicht geäußert.
Die Mutter der Kinder ist eine sehr sensible Frau, sie spürt etwas, kann es aber nicht erklären.

D. sah in der Vermittlung keine Eile. Ich bat ihn jedoch nicht zu lange zu warten, da die Seele bereits auf ihren Weg ins Licht wartet.

In der Zwischenzeit waren wir natürlich bei der Familie B. im Haus in dem es spuken soll. Es war ein interessanter Nachmittag. Ausgerechnet der mittlere Sohn der Familie mit seinen sechs Jahren hat uns seine Erlebnisse mit den so genannten Geistern erzählt. Er kann tatsächlich die Seelen, soweit sie sich zeigen, sehen, aber nicht hören. Er sieht, wie auch seine kleine Schwester mit ca. zwei Jahren, die Seelen als Figuren, wie auch wir uns als Menschen sehen, mit einem Körper, aber nicht in einer festen Form, sondern durchsichtig. Da seine Schwester immer wieder von einer Puppe sprach, die im Zimmer sein muss, denn nur die Kinder der Familie können die Seelen sehen, und dabei nach oben zeigt, hat die Seele auch die Größe einer Puppe.
Der zwei Jahre ältere Bruder wollte sich nicht mit uns über die Seelen unterhalten, er hatte einfach keine Lust, sagte uns der Vater. Was der sechsjährige kleinere Junge noch sah, war auch für uns etwas Neues. Er sah oft, wenn es dunkel war, ein Augenpaar an den Wänden.
Was mir bei den beiden Kindern besonders auffiel war die Selbstverständlichkeit mit der sie von diesen Seelen sprachen oder andeuteten.
Im Laufe des Nachmittags konnte Marianne die positive Energie von weiteren Seelen, außer der Hermines, feststellen.
Die Eltern der Kinder sind recht aufgeschlossene Menschen die ihren Kindern immer wieder neu zureden sich um die Seelen zu kümmern.
Der Vater der Kinder steht dem ganzen Geschehen etwas zweifelnd oder auch ungläubig gegenüber, muss aber seinen Kindern Recht geben, denn Kinder sagen schließlich die Wahrheit. Für die

Eltern des Vaters gibt es keine Geister oder wandernde Seelen. Sie glauben nur was sie sehen und anfassen können.

Seine Frau wiederum ist mit Geistergeschichten aufgewachsen und hat dadurch auch nie ein Problem mit ihren Kindern gehabt. Die Meinung seiner Frau und die Sicherheit seiner Kinder machten aus dem Vater einen glaubenden Menschen.

Seit ein paar Tagen rufen wir immer mal wieder Frau B. an. Wir waren vor ca. 2 Wochen bei ihr. Marianne konnte ihr die Schmerzen aus dem Rücken nehmen. Beim letzten Anruf sagte uns Frau B. das ihr kleiner Sohn, der J., eine Frau bei ihr stehen gesehen hat, und zwar in der gleichen Zeit als Marianne der Frau B. die Schmerzen im Rücken behandelte. J. ist sechs Jahre alt und konnte natürlich die Frau, die bei seiner Mutter war, nicht gut beschreiben. „Sie hatte einen schlanken Körper und einen blauen Mantel an, und irgendwo noch etwas mit rot".
Auch heute Morgen sah er eine Frau bei seiner Mutter stehen. Diesmal sah er diese Frau mit einem durchsichtigen Gesicht.
Die Schmerzen im Rücken seiner Mutter waren nach der Behandlung wieder besser. Die erste Behandlung hinterließ eine Wirkungsdauer von ca. 12-15 Stunden. Die zweite Behandlung, diesmal am Telefon, hatte eine Wirkungsdauer von ca. 1 ½ Tagen. Die heutige Behandlung wird wahrscheinlich bis Montag anhalten, vielleicht auch bis Dienstag wir müssen abwarten. Im Allgemeinen gibt es immer eine Steigerung der Wirkung. Bei der Schwere ihrer Krankheit, ihre Nerven im Gehirn wurden bei der Geburt geschädigt sodass der Bewegungsapparat sich nicht richtig ausbilden konnte, ist es kein Wunder, wenn man die Behandlung sehr oft wiederholen muss. Mal sehen, was wir bei dieser Frau noch alles erleben dürfen. Es wäre schon schön, wenn Frau B. wenigstens einen Teil ihrer Krankheit verlieren könnte. Dieser Wunsch kommt von mir, denn ich weiß nicht was sich die Seele

von Frau B. ausgesucht hat. Jede Behinderung ist selbst ausgesucht und gewollt, sodass man nie sagen kann, ob eine Heilung
die ganze Krankheit umfasst oder nur einen Teil.
Sollte es aber zu einer Heilung kommen, sei es eine Vollkomme-
ne oder eine Teilheilung, so kommt es auch auf den Glauben
dieser Frau an. Denn wer nicht an eine Heilung glaubt der bekommt auch keine. Eine Heilung ist immer etwas Besonderes.
Bei allen Behinderungen steht fest, dass sich die jeweilige Seele
eine bestimmte Behinderung selbst ausgesucht hat. Sie, die Seele, will diese Situation und die Gefühle, die dadurch entstehen,
kennen lernen, aus welchem Grund auch immer.

Die Grippe

Bekannte sagten uns, dass im Dorf und auch in der weiteren
Umgebung sehr viele Menschen an Grippe oder einer Erkältung
erkrankt sind. Wir haben davon fast nichts mitbekommen.
Ich habe zwei oder drei Tage niesen müssen und bat dann Marianne nach mir zu schauen. Leider war es schon zu spät. Ich hatte
wirklich schon die Grippe.
Für eine Erleichterung sorgte erst einmal eine Grippetablette. Da
sich die Grippeviren für Marianne auch nur als Fremdenergie
zeigen, war es kein Problem für sie diese Energie zu entfernen.
Die Grippe hatte sich, wie ich bereits feststellte, im Körper mani-
festiert, d.h. ich hatte mich, wie jeder andere Mensch auch, bei
irgendeinem angesteckt. Die Energie der Grippe war entfernt
worden, jetzt mussten nur noch die Viren mit herkömmlichen
Medikamenten bekämpft werden.
Da ich nicht unbedingt eine weitere Grippetablette nehmen
wollte stellte Marianne für mich passende Globuli her und das

läuft dann folgendermaßen ab. Sie nimmt die kleinen Zuckerkügelchen und füllt diese in ein kleines Fläschchen. Dann wird ein
Grippemedikament aus seiner Verpackung herausgeholt, es war
in diesem Falle das gleiche Medikament welches ich zuvor eingenommen hatte. Beides, das Medikament und die Globuli je-
weils in einer Hand haltend beginnt eine kurze Meditation. In
dieser Meditation geschieht genau das, was man früher ein
Wunder oder eine Hexerei genannt hat. Auf ihr Bitten hin wird
die Energie des Medikaments durch ihren Körper geleitet und
auf die Zuckerkügelchen übertragen. Gleichzeitig wird göttliche
Heilenergie mit hineingegeben. Die Erkältungsglobuli sind nach
ein paar Minuten fertig und können eingenommen werden.
Ich weiß natürlich aus Erfahrung, dass die Globuli nicht so schnell
im Körper wirken können, wie die Viren einen Schaden anrich-
ten. Aber das macht ja nichts, denn die Viren, denen die Energie
genommen war, waren am nächsten Tag schon wirkungslos. Die
Grippe war vorbei.

Mariannes Traum:

Der Weg des Lebens

Wir alle fragen uns doch immer wieder, warum wir auf dieser Welt sind und was wir für eine Aufgabe haben. Ich weiß nicht, ob die Frage oder die Sichtweise falsch ist, aus der wir diese Frage stellen. Um dies zu beantworten muss ich erst den Traum beschreiben.

Viele Menschen ziehen, auf einer Straße, jeder für sich, einen Lastkarren hinter sich her. Er sieht aus wie ein Bollerwagen. Vier Räder und die vorderen zwei Räder, an der Achse, sind mit einer Deichsel zu lenken. An den Seiten des Wagens sind Stützen wie liegende Leitern angebracht, sie halten die Kartons und die Säcke der Ladung. An den Gesichtern der Menschen kann man erkennen, dass sie große Mühe haben, sich und den schweren Wagen zu bewegen. Jeder weiß, dass er auf dieser Straße vorwärts gehen muss. Niemand kann stehenbleiben. Den Wagen stehen lassen, ist schon gar nicht möglich. Er trägt schließlich das ganze Hab und Gut eines jeden Menschen. Es sind keine Möbelstücke oder Bekleidung wie man vielleicht denken könnte, nein, es sind unsere Taten, Ansichten und Meinungen aus diesem Leben und allen anderen vor diesem Leben.

Niemandem muss ich an dieser Stelle sagen was ein Mensch durch einen anderen alles aushalten muss. Was man ihm zugemutet hat zu ertragen, ohne dass er sich wehren konnte. Oder was man versäumt hat und es erst dann merkte, als alles vorbei war und man dann nicht mehr den Mut hat um Verzeihung zu bitten. Jeder von uns weiß was in seinem Leben nicht so gelaufen ist, wie er es gerne gehabt hätte. Wenn man sich jetzt noch vorstellt, was sich alles in den verschiedenen Leben, vor diesem Leben, ereignet hat, so ist für viele Menschen der Wagen, den sie ziehen, sehr schwer geworden.

Diese Anstrengung sieht Marianne in den Gesichtern der Menschen. Auch ich ziehe einen Wagen hinter mir her. Er ist ebenfalls gut beladen nur das Gewicht stimmt nicht mehr. Der Wagen ist leicht, als ob überhaupt nichts mehr aufgeladen wäre. Ich ziehe ihn ohne Mühe die Straße entlang und kann alle anderen überholen.
Mein Wagen und ich, wir haben beide genügend Abstand zu meinen Nachbarn, sodass sich niemand an uns festhalten kann. Jeder Mensch muss seinen Wagen alleine ziehen.
Nur Marianne hat ein Problem, sie hat zwar keinen Wagen, muss aber dauernd um mich herum springen. Der Abstand von mir und meinem Wagen zu den anderen Mitmenschen ist nicht ausreichend genug, als dass man Marianne erreichen könnte. Genau genommen will sich jeder, der Marianne erreichen kann, bei ihr einhängen, damit sie ihm oder ihr beim Ziehen hilft.

Ich vermute, dass sich die Frage nach dem Sinn des Lebens zum Teil durch diesen Traum beantwortet hat, aber etwas erläutern möchte ich ihn dennoch.

Die vielen Menschen, die auf dieser Straße ihren Wagen ziehen sind die menschliche Gemeinschaft. Wir gehen alle den gleichen Weg. Wie oft wir diesen Weg schon gegangen sind wissen wir nicht. Wir ziehen mit unserem Wagen einfach auf dieser Straße entlang. Jedes Paket und jeder Sack beinhaltet alle die Schwierigkeiten die wir in einem Leben nicht mehr bearbeitet haben oder konnten. Am häufigsten, so vermute ich, bleibt wohl die Liebe auf der Strecke und so sammeln wir immer neu die Missverständnisse ein die zu einer Nicht-Liebe führen.

Ich denke vorerst nur an die Familien. Sie sind die Keimzellen der Liebe. In ihr werden die Grundsteine der Liebe gelegt. Sollte das jedoch nicht der Fall sein, so darf sich niemand wundern wenn er diese Liebe, die er nicht erfahren hat, auch nicht weiter geben kann.

Was ein Mensch nicht erfahren hat, das kann er auch nicht weitergeben und was er kennengelernt hat, das gibt er weiter.

Gewalt in der Familie wird automatisch weitergegeben. Kinder die mit Gewalt erzogen werden, benutzen die Gewalt auch bei der Erziehung ihrer Kinder. Nur wer sich bewusst von der Gewalt abwendet begibt sich wieder auf den Pfad der Liebe.

Genau das ist eine der Möglichkeiten, die Last unserer Bollerwagen zu erleichtern. Die alten Angewohnheiten abzulegen. Der Satz, „was mein Vater für gut befunden hat, ist auch für mich gut", sollte der Vergangenheit angehören. Dieser Satz verhindert nur das Öffnen für alles Neue.

Durch Vergebungen und Verzeihungen bieten wir uns und den Mitmenschen immer wieder neu eine Möglichkeit des Zusammenlebens. Es bauen sich zwischen uns keine Mauern mehr auf sondern die Straße des Lebens bleibt unbelastet.

Ein junger Mann namens T.

Ich möchte eine Tat beschreiben die nicht zu beschreiben ist. Obwohl ich einige Kilometer vom Tatort entfernt wohne bin ich trotzdem betroffen und teile die Erschütterung der Menschen aus der Stadt W.

Ein junger Mann geht in seine ehemalige Schule und erschießt einige Schülerinnen und Schüler einer Klasse und auf seinem Fluchtweg wiederholt sich diese Tat noch einige Male. Insgesamt werden siebzehn Menschen erschossen.

Die Menschen in der Stadt und, über die Medien verbreitet, in ganz Deutschland, sind sprachlos, entsetzt, erschüttert. Jeder fragt sich: Wie kann man nur? Die zweite Frage hieß dann auch gleich: Warum? Die Logik aus den zwei Fragen war dann nur noch: Hätte man es verhindern können?

Als Marianne mich von der Tat informierte, bin ich zwar erschrocken, aber meine Gedanken waren sofort beim Täter und den Opfern. Die Opfer, die durch den Täter ihr Leben beendet hatten, waren für mich nicht die Hauptleidtragenden. Ihre Seelen waren jetzt nicht mehr an ihren Körpern gebunden, sie waren wieder frei. Die eigentlichen Opfer waren und sind immer die Hinterbliebenen. Sie stehen vor einer Leere, die sie, zumindest im Augenblick, nicht ausfüllen können. Noch schwieriger wird es für die Eltern des Täters. Sie müssen sich mit den Gründen und den Taten ihres Sohnes auseinandersetzen, sowie mit den Hinterbliebenen und zuletzt mit der Öffentlichkeit.

Wie konnte diese Tat geschehen?

Am Anfang der Medienberichte war der Täter noch ein unbeschriebenes Blatt. Niemand hätte ihm diese Tat zugetraut, aber schon nach zwei Tagen wusste jeder, dass in der Vergangenheit des Jungen einiges nicht so gelaufen ist, wie es hätte sein sollen oder können. Die Gewohnheiten der Eltern und eine gewisse Gleichgültigkeit gepaart mit der Einsamkeit eines verzweifelten Jungen bringen irgendwann einmal einen kranken Geist zur Explosion. Verzweiflung, Angst, Wut, Einsamkeit, alles dreht sich auf der Stelle und lässt keinen klaren Gedanken mehr zu. Alles läuft dann wie im Rausch ab.

Ich habe heute Morgen mit Tim über seine Tat gesprochen. Marianne war die Verbindung zwischen ihm und mir.
Das Leben dieses Jungen ist für ihn absolut normal verlaufen. Normal für eine Gesellschaft, die das Bestreben hat, aus allen Ereignissen nur seinen persönlichen Vorteil zu ziehen. Einer Gesellschaft, die ihre Kinder nicht als Zukunft sondern als Rentenversicherung sieht. Einer Gesellschaft, die mit großer Aufmerksamkeit ihre Gewinne auf den Bankkonten verfolgt, als nach den trauernden Seelen ihrer Kinder zu schauen.
Eine Seele ist für die Wissenschaft nicht nachweisbar, daher gibt es sie auch nicht und niemand braucht darauf zu achten.

Die Seele ist das, was einen Menschen zusammenhält und was einen Menschen ausmacht. Sie betritt freiwillig diese Erde, in der Hoffnung, die Liebe, die sie im Himmel erfahren hat, auf dieser Erde allen zeigen zu können. Doch was macht eine Seele die diese Liebe als Ganzes nicht mehr vorfindet sondern nur noch bruchstückhaft? Die Seele weiß, dass es die Liebe in der Ganzheit gibt und sie wird nie damit aufhören an sie zu glauben denn sie ist ein Stück von ihr. Viele Seelen resignieren vor dieser Unkenntnis der Gesellschaft. Sie leiden in der Stille. Aber es gibt auch solche Seelen die dieses stille Leiden und diese Resignation nicht wollen und auch nicht ertragen können. Timm war eine solche Seele. Sie konnte dieses Leid der zerbrochenen Liebe nicht mehr ertragen.

Ich fragte nach dem Warum, aber Tim konnte es mir nicht sagen. Zu vielseitig waren die Gründe, als dass er auch nur einen hätte nennen können.

Alle Seelen haben einen Plan für ihr neues Erdenleben. Der Lebensrahmen einer jeden Seele wird vor jedem Lebensbeginn festgelegt und jede Seele weiß auch wann sie wieder zurück in die Heimat geht. Was die Seele nicht kann ist die Kommunikation zum Körper. Sie kann dem Geist nicht sagen was er machen darf und was nicht. Der Geist entscheidet selbständig was er machen möchte.

Ich wollte von Marianne schon am zweiten Tag wissen warum alles so abgelaufen ist, wie wir es von den Medien erfahren haben. Als Antwort bekam sie nur: „Es war ein Deal" Ich musste noch einmal nachfragen ob es auch stimmt, aber es hat gestimmt. Es war ein Deal. Es war alles ausgemacht, zwischen den Opfern und dem Täter, nur nicht wie und wann.

Am Ende unserer heutigen Unterhaltung meinte Tim, es sei ihm vorgekommen als ob er ein Werkzeug sei und er hätte mit all den Anderen, die jetzt bei ihm sind, sehr viel nachzudenken. Was ihm besonders leidgetan hat war der große Schmerz, den er allen Hinterbliebenen zugefügt hat.

Alles läuft nach Plan. Nichts ist dem Zufall überlassen. Diese Sätze habe ich immer wieder von Drüben zu hören bekommen und auch ich kann sie nur wiederholen. Es brauchte lange, bis ich meine Denkweise ändern konnte. Ich musste verstehen lernen, dass der Mensch nicht nur hier auf der Erde lebt, sondern, in einer anderen Form und in einer anderen Dimension, nach seinem angeblichen Tod, weiterlebt. Das Weiterleben nach dem Tod bedeutet dann auch, dass dieses Leben nicht das wichtigste Leben ist. Die Absprache über den Beginn und dem Ende dieses Lebens heißt Vorbereitung auf eine Episode die immer gewollt ist.

Das Leid der Hinterbliebenen ist groß. Sie fallen in ein Loch der Verzweiflung und der Wut. Wut auf den Täter und die Verzweiflung, dass es niemand gibt, der eine solche Tat verhindern kann. Es wird niemanden geben, der nicht mit den Hinterbliebenen trauern würde.

Jeder Tod ist auch ein Anfang, sagte mir einmal der Vater, für die Hinterbliebenen hier auf der Erde und für die Seele auf der anderen Seite.

Für die Hinterbliebenen ist die Trauerarbeit eine neue Erfahrung und wer sich bemüht die Zeichen zu erkennen, oder darum bittet, dem wird auch geholfen allen Schmerz zu ertragen.

Für die Seelen, auf der anderen Seite, gibt es wieder neue Aufgaben.

Brunneggerhof

Marianne ist wieder einmal mit ihren Gedanken in den Bergen als sich ihr ein Bild aus dem Jahre 1643 zeigt.

Sie war Bäuerin auf dem Brunneggerhof in Kärnten im heutigen Österreich. Sie hieß Afra und hat mit dem Bauer Blasius zwei Kinder. Der Hof selbst lag im südlichen Kärnten in der Nähe eines Dorfes namens Matrei oder Katrei. Der Hof wie auch das Dorf zeigt sich wie auf einem Hochplateau beide ca. 600m voneinander entfernt.
Später, bei der Suche im Internet stießen wir auf das Dorf St. Marein. Die Landschaft um dieses Dorf entsprach dem Bild, das sie empfangen hatte.

Zusätzlich zu ihrer Aufgabe als Bäuerin sah sie sich auch verpflichtet, alleinstehenden, mittellosen und arbeitslosen Menschen eine Heimat zu geben. Auf ihrem Hof befanden sich immer mehr Mägde und Knechte als erforderlich waren. Auch eine namenlose Magd, abgearbeitet und in einem hohen Alter war unter den Bediensteten. Sie wurde von ihr Marei genannt. Es war für diese Magd in ihrem langen Leben das erste Mal, dass sie anständig behandelt und untergebracht wurde.

Eigene Göttlichkeit

Zusätzlich zu diesem Blick in die Vergangenheit von Marianne kam noch die Bitte von Drüben, man möge doch immer wieder die Verbindung zur eigenen Göttlichkeit aufnehmen.

Dieser Wunsch ist, trotz seiner Einfachheit, von großer Bedeutung. Allein die Erkenntnis der eigenen Göttlichkeit besagt, dass wir keine schuldhaften und bedeutungslosen Menschenkinder sind, sondern göttliche und immerwährende Lichtwesen. Großartige und selbstständige Menschen die aus ihrer eigenen Göttlichkeit ihre Kraft für dieses Leben ziehen. Da unsere Göttlichkeit mit der des Vaters verbunden ist, haben wir immer eine großartige Kraftquelle bei uns.

Reaktion

Heute ist ein eigenartiger Tag. Aufgewacht bin ich mit der Erinnerung eines Traumes der mir das Gefühl von einer Verfolgung vermitteln wollte. Die Verfolgung selbst ist nur kurzfristig und von geringer Bedeutung. Das Gefühl, welches hierbei entstand, war nicht beunruhigend. Im Gegenteil, ich war mir sicher, dass mir niemand schaden könne.

Es ist heute der erste Sonntag nach Pfingsten, der Dreifaltigkeitssonntag. Seit vielen Jahren ist es meine selbstgewählte Aufgabe die Tageslesung, in unserer kath. Kirchengemeinde, zu lesen. Um mich auf die Lesung einzustimmen lese ich sie mir immer vor dem Gottesdienst alleine durch. Seit einiger Zeit spüre ich die Energie aus diesen Texten bzw. die durch diese Texte vermittelt wird. Heute war diese Energie so stark, dass ich schon beim Durchlesen diese Kraft spürte und ich Marianne bitten musste, für mich zu lesen. Meine Vermutung war richtig, während Marianne im Gottesdienst diese Lesung vorlas wurde die empfangene Energie noch stärker und meine Augen füllten sich mit Tränen.

Nach dem Gottesdienst fragte mich unserer Pfarrer was ich hätte, er habe die Tränen gesehen und kann keinen Grund dafür erkennen. Jede Ausrede wäre jetzt fehl am Platz. Ich konnte ihm natürlich nichts von einer Energie oder einer inneren Wandlung sagen. Für eine solche und damit auch eine umfangreichere Antwort, war keine Zeit. Ich wies nur auf eine Wandlung in uns hin, und die Tränen seien eine Folge davon. Für ein intensiveres Wissen über diese Wandlung bot ich ihm mein erstes Buch zum Lesen an. Der Wunsch es zu lesen war zwar bei ihm vorhanden, aber dann lehnte er mein Angebot doch ab. Vieleicht mit dem Hintergedanken: Was ich nicht weiß macht mich nicht heiß. Irgendwann wird er es lesen, die Zeit wird es zeigen.

Warum schreibe ich diesen Absatz? Mir ist aufgefallen, dass mich jemand aus der Kirche fragt: „Warum eine solche Reaktion"?

Was den Traum betriff, so ist oder war er eine Ansage, dass etwas auf mich zukommen wird, was mich aber nicht beunruhigen sollte.

Gedanken

Die Energie der Gedanken

Mich beschäftigt gerade der Gedanke was mit unserer Energie geschieht, die wir, durch unser Denken, immer wieder neu produzieren.

Wer interessiert sich für sie? Wer empfängt sie überhaupt? Was bewegt sich durch sie?

Energie kann nicht verloren gehen, also muss sie irgendwo bleiben! Niemand den ich kenne, könnt mir sagen, wohin eine gedachte Energie fließt.

Mir fällt gerade der folgende Spruch ein: „Der Mensch denkt und Gott lenkt". Das hieße dann, dass alle unsere Gedanken bei Gott landen und er sucht sich, von diesen, das Beste heraus und erfüllt sie uns. Im Prinzip stimmt das so. Kryon, ein Engelwesen, schreibt das so in seinen Büchern. Sinngemäß schrieb er, dass wir uns nur auf das konzentrieren brauchen was wir erreichen möchten und es geschieht von ganz alleine.

Nur, in Wirklichkeit sieht das Ganze etwas anders aus. Es ist einfach nicht so, dass wir nichts machen brauchen, nur denken und Gott macht dann alles für uns. Ohne unseren Willen und den Wunsch, etwas zu erreichen geht erst einmal Garnichts. Wir sind diejenigen, die alles machen können und wir entscheiden, was wir machen wollen oder was nicht. In der Planung, von dem, was durchgeführt werden soll, ist noch die Frage, ob das Ganze auch zu meinem und zum Wohle meiner Mitmenschen überhaupt in Ordnung ist. Mit anderen Worten, brauche ich das was ich mir wünsche, oder kann ich auch darauf verzichten.

Um die drei Fragen vom Beginn des Kapitels zu beantworten, muss ich schon sagen, dass sich sehr viel durch unsere Gedanken bewegt. Wir selber bewegen uns sogar sehr schnell denn unsere Hauptgedanken bewegen sich um uns selbst. Es geht um unseren Erfolg und den damit guten Verdienst.

Jeder Verkäufer wird seine Ware immer so beschreiben, dass der kommende Käufer mit seinen Ausführungen einverstanden ist. Wenn er nicht so reden würde dann könnte er nichts verkaufen. D.h. er beeinflusst sein Verkaufsumfeld so stark und vor allem sehr positiv, um einen guten Erfolg zu erzielen.

Das gleiche geschieht in der Politik und auch in den Religionen. Sie wollen alle auf ihrem Gebiet einen gewissen Erfolg erreichen. Es spielt für sie keine Rolle, ob die Angesprochenen damit zufrieden sind oder nicht. Es wird nur Positives berichtet und das Negative einfach weggelassen. Jeder muss mit dem, was er bekommt, einverstanden sein.

Oder, wie in manchen Verträgen, wird das nicht so Positive einfach so klein geschrieben, dass man es fast nicht findet. Wenn man es dann entdeckt hat ist es meist zu spät.

Schlimm wird es erst dann, wenn ein Kollektivdenken in den Köpfen der Menschen entwickelt wird, und eine ganze Volksgruppe ins Abseits gestellt wird. Ein Kollektivdenken ist meinungsbildend. Alle Staaten dieser Welt benutzen dieses Kollektivdenken, man kann auch Meinungsbildung sagen, für ihre Zwecke. Wenn ich mir nun die Entwicklung unserer Welt ansehe so wirkt diese Meinungsbildung fast immer nur für eine kleine Elite in die positive Richtung. Für die Masse kommt meist nur Negatives heraus. Ich denke hier an wirtschaftliches Kollektivdenken. Verdient hat bei einem solchen Denken immer der, der das Geld schon hat, der Rest verlor.

Große Kriege, die viele Menschenopfer forderten, kamen durch negatives Kollektivdenken zustande.

Wer könnte sich für unsere Gedanken interessieren, die wir nicht aussprechen? Wie viele Gedanken werden gedacht und nie ausgesprochen obwohl sie fast so laut sind wie ein Schrei. Wir alle belügen uns selbst. Wen wir gefragt werden wie es uns geht, so sagen wir meistens, dass es uns gut geht, und denken dabei an die ganze Not in uns. Es geschieht einfach aus dem Glauben heraus, es kann uns ja doch niemand helfen, man fragt nur aus Höflichkeit, denn jeder hat selbst genug zu tragen.

Viele Menschen glauben an einen Schutzengel, den sie auch um Schutz bitten, wenn sie ihn brauchen. In manchen Religionen sind es die Ahnen, die diese Funktion übernehmen sollen. Nur, wenn es um wirkliche Hilfe geht, um geistige Hilfestellung, dann ist keiner in unserer Vorstellung. Vielleicht noch der Herrgott, der da in letzter Minute angerufen wird. Er soll es dann richten.

Die wirkliche Wirklichkeit, nicht nur die Wirklichkeit die wir erkennen, sieht ganz anders aus. In dieser allumfassenden Wirklichkeit gehört alles zu uns. Es steht alles zu unserer Verfügung. Alle unsere Lieben, die vor uns gestorben sind, stehen immer mit uns in Verbindung. Sie und alle anderen, die wir aus unserer Verwandtschaft nicht mehr kennen, und viele, die wir auch aus der Begegnung von drüben kennen, haben uns versprochen, zu helfen, wann immer wir sie rufen.

Jetzt, wo so viele in Not sind, ruft keiner nach ihnen. Haben Sie, liebe Leser, schon einmal um Hilfe nach drüben gerufen? Sicher werden Sie das getan haben, aber haben Sie auch auf eine Antwort gewartet und haben diese auch verstanden?

Wer hat heute noch die Zeit sich mit Dingen zu befassen die man nicht sehen und auch nicht anfassen kann. Ich kann nur jedem Menschen raten die Zeit zu nutzen, um sich mit der anderen Welt auszutauschen. Denken Sie über sich und die Welt nach. Lassen Sie sich Impulse von dem Geist geben, der zu mir sagte, er sei Spirit und die rechte Hand des Vaters. Er ist der Impulsgeber für alle neuen Ideen.

Wenn eine neue Idee in Ihrem Kopf auftaucht, an die Sie zuvor nicht und niemals gedacht haben, dann wissen Sie, dass es Spirit war.

„In Liebe denken und handeln" ist ein Satz der jedem alle Türen der Welt öffnen kann.

Jetzt wissen Sie auch, liebe Leser, wer alle Ihre Sorgen und Nöte empfängt. Sie dürfen mir ruhig glauben, wenn ich behaupte, dass Sie alles wissen, dass Sie alles schon erlebt haben, nur die Zeit, die Zusammenhänge zu verstehen, haben Sie sich noch nicht genommen.

Das Ego

Was ist das Ego? Im Wörterbuch steht für das Ego ein Ich. Mein inneres Ich oder Ich als mich selbst. In der spirituellen Szene wird viel vom Ego gesprochen, aber niemand sagt einem was das ist. Marianne fragte nach und die Antwort war verblüffend.

„Das Gewissen ist die Summe der Erfahrungen, die das Ego gemacht hat."

Das Wörterbuch hat also nicht ganz Unrecht. Das Ego, oder das Gewissen, ist ein Teil von mir, es gehört zu mir. Es speichert für mich alle Gefühle, die aus den Erfahrungen gewachsen sind. Es sind immer nur die Gefühle, die in der Erinnerung bleiben. Diese Gefühle werden erst dann wieder freigegeben wenn eine neue Situation entstanden ist die einer alten gleicht. Zwar bleiben dem Ego auch gute Gefühle in der Erinnerung, doch das Ego wird ein gutes Gefühl nie als Warnung herausbringen, sondern nur als wohlige Zustimmung.

Das Ego ist also immer bei uns, bei allen Überlegungen. Und dass es uns warnt, ist eine feine Sache. Es schützt uns also vor unliebsamen Überraschungen. Es kann uns aber auch von allem Neuen abhalten wenn sich eine jetzige Situation einer Alten als ähnlich erweist.

Bei solch einer Gelegenheit, kam mir eine Idee: Ich sollte mich mit meinem Ego unterhalten und das tat ich dann auch. Zuerst brachte ich ihm das Schweigen bei. Während einer Meditation, konnte ich seine Bilder und Ideen überhaupt nicht brauchen. Schon nach kurzer Zeit, hatte es den Nutzen einer Meditation erkannt, nachdem ich ihm erklärt habe, dass nicht nur die Ruhe einer Meditation für den Körper und Geist erforderlich und gesund ist, sondern dass ich meinen Geist währenddessen den Helfern der anderen Seite für Informationen zur Verfügung stelle. Wenn ich heute eine Meditation beginne, habe ich vom ersten Augenblick eine große Ruhe im Kopf und kann mich voll auf meine göttlichen Farben, die ich nach kurzer Zeit bekomme, konzentrieren.

Die Warnmöglichkeiten des Egos sind natürlich vielfältig. Ich kann nur jedem Leser raten genau und sorgfältig in sich hinein zu hören, um immer die richtige Entscheidung zu treffen.

Wenn wir uns einmal beobachten, merken wir, wie uns unsere Gedanken immer wieder auf alle möglichen Situationen hinweisen. Nie hören sie auf, uns Information zu geben. Alle Augenblicke werden abgeglichen mit der Vergangenheit. Wir nehmen die Überlegungen überhaupt nicht mehr wahr. Alles geht viel zu schnell. Wir, als unser Geist, und das Ego sind wahre Lebenskünstler. Je nachdem was das Ego, und damit wir, in allen unseren Leben schon erlebt haben, gibt es dementsprechende Reaktionen. Daher haben wir Menschen auch verschiedene Ansichten von den einzelnen Lebenssituationen und wie wir an sie herangehen.

Ich will auf die verschiedensten menschlichen Reaktionen hinaus. Es sind immer Reaktionen des Egos. Es hat all das im Laufe der vergangenen Leben so gelernt.
Sobald wir mit der Schulung unseres Egos anfangen, werden wir merken, wie wir uns in dieser Welt anders bewegen. Es werden für jeden Menschen andere und wertvolle Erfahrungen sein.
Ein Beispiel, wie das Ego arbeitet, möchte ich hier noch aufzeigen:
Eine Schülerin von uns, sie ist heute eine Schamanin in der Ausbildung, hatte für ihren ersten Besuch bei uns einen Termin ausgemacht und ging auf das Haus zu. Sie sieht aber unser Auto nicht vor der Tür stehen und meinte, wir seien nicht zu Hause und hätten sie vergessen. Daraufhin ist sie wieder nach Hause gegangen. Wir waren jedoch in unserer Wohnung und warteten auf sie. Nach gut 15 Minuten rief Marianne bei ihr an und fragte, wo sie denn sei. Als sie uns den Gedanken mit dem Auto erzählte, mussten wir lachen. Wir wussten, was sich in ihrem Kopf abspielte. Das Ego und auch sie selbst, wussten nicht was auf sie zukommen könnte und da war das fehlende Auto genau die richtige Ausrede auf die kleine Angst.

Kleine Angst, große Angst, alle vorsichtigen Gedanken, alle Warnungen, alles kommt aus der Vergangenheit, und die wird vom Ego verwaltet.

In der Gegenwart lebe ich, der Geist. Ich, der Mensch, mit seinem Geist, der bestimmt was gemacht wird, vor allem was ich machen will. Ich entwickle neue Pläne. Ich entwickle neue Ideen und verwerfe sie wieder, wenn sie mir nicht gefallen. Dieses nicht gefallen, der Entschluss einen Gedanken nicht zur Ausführung zu bringen kann, aber auch eine Teilinformation vom Ego sein. Sollte das Ego bei der Entwicklung von neuen Gedanken auch nur annähernd eine Ähnlichkeit mit vergangenen Ideen erkennen können, so wird es sofort warnen. Wobei es für das Ego nicht von Bedeutung ist ob die Voraussetzungen heute anders sind als vielleicht vor 100 oder 200 Jahren in einem andern Leben.
Es ist seine Aufgabe uns zu warnen, denn es ist auch unsere Aufgabe, dass wir uns frei entscheiden. Die freie Entscheidung in der eigenen Verantwortlichkeit.
Es ist natürlich einfacher gesagt als getan. In erster Linie meine ich auch die Entscheidungen die man in seinem persönlichen Leben treffen muss und nicht die Entscheidungen in der Arbeitswelt.
In der Arbeitswelt kann ich meine Eigenverantwortung auf einen Vorgesetzten oder auf vertragliche Papiere abwälzen. Aber selbst hier sollte jeder an seine Eigenverantwortlichkeit denken.

Im privaten Bereich ist es natürlich wesentlich schwieriger eine eigenverantwortliche Entscheidung zu treffen. Niemand sagt mir in diesem Augenblick was richtig oder was gut ist. Es sei denn ich habe noch genügend Zeit bis zu einer Entscheidung und kann mich informieren. Irgendwann muss ich mich entscheiden. Auch wenn ich mich nicht entscheide ist es eine Entscheidung. Denn ich habe mich entschieden nicht zu entscheiden.

Jede Entscheidung ist von großer Wichtigkeit. Denn jede Entscheidung zieht eine Erfahrung nach sich und jede neue Erfahrung wird vom Ego gespeichert um es mir bei passender Gelegenheit wieder vorzulegen, nämlich bei ähnlichen Entscheidungen in diesem oder im nächsten Leben.

Niemand kann in einem Leben alle Erfahrungen machen die er gerne machen möchte. Ein Leben reicht nicht für alle Erfahrungen aus. Jeder von uns kennt den Satz: "Wenn ich das gewusst hätte, hätte ich anders entschieden".

Ich sage also nichts Neues wenn ich behaupte: Jeder ist schon mindestens einmal als Mensch auf dieser Erde gewesen.
Stellen Sie sich, liebe Leser, einmal vor, Sie kommen zum ersten Mal auf diese Erde. Alle Eindrücke, die einzelnen Erfahrungen, die verschiedenen Gefühle und vieles andere mehr erlebt ihre Seele zum ersten Mal. Sie freut sich über so viele Möglichkeiten und will dann auch alles auf einmal erfahren. Das Leben eines Menschen ist immer ein aufregendes Erlebnis, und wäre eine Katastrophe ohne ein solches Ego.
Sie sehen also, das Ego ist eine wichtige Person. Richtig, eine eigenständige Person, eine andere Energie. Seine Aufgabe ist es uns zu warnen. Jede Warnung zwingt uns zu einer Entscheidung, denn jede Entscheidung bringt uns zu einer Erfahrung und jede Erfahrung zu mehr Weisheit und wer alles weiß, was er wissen will, braucht keine neuen Erfahrungen mehr. Wer keine neuen Erfahrungen mehr braucht der kann das Leben, was er gerade

lebt, so richtig genießen und das bringt dann die große Ruhe die auch wieder eine neue Erfahrung ist.

Energiewesen für das Negative

Jeder strenggläubige Christ wird jetzt sagen: „Na endlich, jetzt erfahre ich etwas über den Teufel und die Hölle. Die gibt es also doch!"

Nein, nein und nochmals nein. Nichts von diesen Gebilden ist wahr. Es hat sie noch nie gegeben und wird sie auch nie geben. Mit diesen Bildern der Angst hat man in der Vergangenheit die Menschen vor angeblichem Schaden ihrer Seele gewarnt. Denn diese Bilder wurden als Druckmittel benutzt, die Christenheit zu zwingen, sich an die Gesetze der Kirche zu halten. Denn wer sich nicht an die Gesetze und Vorschriften der Religion halten wollte dem wurde mit der Bestrafung in der Hölle gedroht. Auch wurde der Herrgott als Richter herbei zitiert der jeden Sünder oder Abtrünnigen in die Hölle schickt.

Viele Seelen, mit denen ich mich unterhalten habe, haben nur einen strafenden Gott gekannt und jedes Mal war es meine Aufgabe den Seelen die Hintergründe zu erklären und ihnen klar zu machen, dass es nur einen liebenden Gott gibt.

Gibt es denn negative Energiewesen?
Nein, keine Energie ist negativ. Sie ist genau so positiv wie jede andere Energie auch. Was es gibt ist die Entscheidung dass man das Negative verbreiten will, was eine Tat gegen die Liebe ist. Man kann es auch als eine Entfernung von der Liebe bezeichnen.

Wenn man sich in diesem Leben nicht die Zeit genommen hat über Licht und Liebe nachzudenken, dann darf man es in der Zwischenwelt nachholen. Je nach dem, wann man sich für das Gute entscheidet, beginnt die Sehnsucht nach Licht und Liebe. Jede Energie ist eine freie und selbständige Energie, so wie wir alle, ob mit oder ohne Körper.

Wir haben uns unseren Körper ausgesucht um eine neue Erfahrung mit diesem Körper zu machen und eine andere freie Energie hat sich uns angeschlossen um uns auf die Gefahren der Negativität aufmerksam zu machen. Sie zeigt uns die negativen Seiten im Leben. Dadurch können wir entscheiden welche Richtung wir einschlagen wollen. Wer stark genug ist widersteht dieser Kraft und wer noch schwach ist der gibt sich ihr hin. Beides ist kein Fehler. Jeder Mensch kann sich jeden Augenblick von der Nicht-Liebe zur Liebe hinwenden. Wenn sich der Mensch lange genug in der Nicht-Liebe aufgehalten hat, und genügend erlebt hat, kann und wird er sich immer wieder von neuem der Liebe zuwenden. Kommt dieser Wunsch dann auch noch aus dem Herzen, so wird ihm die Umkehr jederzeit gelingen. Ist er sich seiner Kraft jedoch nicht sicher, so hat er im sogenannten Himmel, genug Helfer, die ihm helfen würden. Er muss sie nur rufen.

Alle Energiewesen, die in der anderen Dimension um uns herum sind, möchten uns gerne helfen. Sie stehen bereit und warten nur auf ein kleines Zeichen. Eines dieser kleinen Zeichen sind unsere Wünsche. Auch ohne dass wir es wissen, werden unsere Wünsche von ihnen bearbeitet. Sie sorgen dafür, dass unsere Wünsche immer in Erfüllung gehen. Jetzt werden Sie, liebe Leser, natürlich sagen, dass Sie sich oft ein volles Bankkonto gewünscht haben, aber es blieb immer leer. Es war auch richtig so, denn unsere Seele weiß was wir brauchen und lässt nur die

Wünsche zu, die uns von Nutzen sind und an denen wir etwas lernen können. Unsere Seele weiß was wir uns in diesem Leben vorgenommen haben und leitet uns auf den richtigen Weg.

So macht es auch die Energie, die für das Negative zuständig ist. Sie zeigt uns solange die negativen Seiten bis wir uns auf immer dagegen entscheiden, dass wir diesen Weg des Negativen nicht mehr gehen möchten.

Paradies

Ich versuche einmal meinen Gedanken etwas Raum zu geben. Stellen wir uns einmal vor, wir sind am Ende einer bestimmten Zeitrechnung. Ein Entwicklungsabschnitt dieser Welt ist in den nächsten Jahren abgeschlossen. Unser Planet, die Mutter Erde, hat seine Entwicklung abgeschlossen und die Veränderungen auf ihr sind in vollem Gange. Die einzigen die nichts davon wissen sind die Menschen. Wir leben immer noch in der gleichen Art und Weise wie vor hundert oder tausend Jahren. Wir jagen immer noch hinter dem Geld her, wie ehedem. Wir verletzen Menschen, die nicht der gleichen Meinung sind. Mitbürger werden getreten, geschlagen oder gar umgebracht, wenn sie etwas sagen oder schreiben was anderen nicht gefällt. Es ist immer noch ein Hauen und Stechen wie in tiefster Vergangenheit.

Das Bewusstsein der meisten Menschen weiß von diesem Paradies auf Erden, nur weiß niemand, wie man dorthin gelangen kann. Natürlich gibt es viele Wege dorthin und jeder Leser würde mir einen oder gar mehrere Wege sofort sagen können. Zum Beispiel würde es dann heißen: „Du musst das machen und er müsste jenes nicht machen dürfen. Der Staat muss jedem das zugestehen was er für sich braucht, um sich wie in einem Paradies zu fühlen". Nein, so geht es natürlich nicht. Denn das wäre die beste Voraussetzung um sofort wieder einen Krieg, vom Zaune zu brechen. Nein, so nicht. Aber wie dann? Wie kommen wir sonst in ein solches Paradies?

Wie wäre es mit dem Wort Liebe. Dieses Wort ist bewusst gewählt. Es ist das Wort, das es in allen Sprachen gibt und die Voraussetzung für ein Paradies bildet.

Mir ist schon bewusst, dass jeder die Liebe in irgendeiner Form kennt und doch gibt es auf der Welt noch immer kein Paradies. Aber hat auch jeder schon einmal darüber nachgedacht, was das Wort „Liebe" außerhalb seiner Person bedeuten kann. In fast allen Zweierbeziehungen hat das Wort „Liebe" immer eine bestimmte Größe. Aber was ist außerhalb einer Liebesbeziehung? Hat man dieses Wort in der Öffentlichkeit überhaupt zur Kenntnis genommen? Gibt es dieses Wort in der Öffentlichkeit? Oder ist es nur ein Wort welches in der Öffentlichkeit nicht genannt werden darf, weil es jeder nur mit einer Zweierbeziehung und mit Sex in Verbindung bringt? Kann man über die Liebe auch nachdenken?

Man kann, wenn man will. Ich schreibe mal einen Satz mit dem Wort Liebe über den ich ein wenig nachdenken möchte.

„In Liebe denken und in Liebe handeln."

Was besagt dieser Satz? Sagt er nicht, dass ich mein Leben ab jetzt anders führen muss? Kann ich immer noch so denken und handeln, wie vor diesem gelesenen Satz?

Als ich vor Jahren diesen Satz hörte oder auch las, war ich fasziniert von der Größe und der Macht die hinter diesem Satz steckte. Ich war von diesen Worten so begeistert, dass ich sie sofort für mich in Anspruch nahm. *Von nun an wollte ich nur noch in Liebe denken.*

So einfach war das aber nicht. Ich musste feststellen, dass mein Wortschatz, den ich täglich anwendete, nicht mehr zu meinem „Vorhaben" passte.

Viele Wörter bezeichnen eine Situation immer in der Nicht-Liebe. Obwohl man es überhaupt nicht so meint, sagt man es doch. Niemand würde sich als dumm bezeichnen und trotzdem sagen wir „Wie kann man bloß so dumm sein" wenn uns etwas nicht gelingt, wie wir es uns vorgenommen haben. Wir erniedrigen uns selbst und genauso unsere Mitmenschen, wenn uns an ihnen etwas nicht gefällt. D.h. wir bauen mit unseren Gedanken eine negative Energie auf. Würden wir statt des Satzes, „jetzt bin ich aber dumm gewesen", den Satz, „schade, jetzt habe ich aber nicht richtig nachgedacht", nehmen, so würde keine negative Energie entstehen höchstens nur eine kleine Enttäuschung.

Obwohl ich im Straßenverkehr mit meinen Mitmenschen immer viel Geduld zeigte, war ich trotz allem manchmal noch ungeduldig und mit dem Fahrstil meines vor mir fahrenden Teilnehmers nicht einverstanden. Ich war immer noch der Meinung, er müsste schneller fahren oder anders blinken oder ich weiß nicht was sonst noch alles.

Ich schimpfte leise oder in Gedanken vor mich hin. Was aber jetzt, im Gegensatz zu früher, in meinem Kopf entsteht, ist folgender Satz: „Ist das in Liebe gedacht?" „Natürlich nicht", war gleich eine Antwort, die sich zur Frage gesellte. Ich musste eine Weile über dieses Gedankenspiel nachdenken.

Ich schimpfe bewusst über jemanden und meine eigenen Gedanken sagen mir, dass ich nicht Recht habe. Wie kann ich über jemanden schimpfen, wenn ich nicht weiß, warum oder weshalb er so fährt. Eigentlich geht es mich doch nichts an, wie der Fahrer vor mir fährt. Er ist doch erwachsen und hat sicher den Führerschein. Warum schimpfe ich also?

Prinzipiell ist es nur mein eigener Egoismus, der mich schimpfen lässt. In dem Augenblick, als ich zu dieser Erkenntnis kam, hörte ich auf zu schimpfen. Ich fuhr also hinter diesem Fahrzeug solange her bis es abbog. Meine Gedanken haben sich in Liebe verwandelt. Der Fahrer vor mir fährt so, wie er es für richtig hält und ich störe mich nicht mehr an seiner Fahrweise.

Aus einem „In Liebe denken" folgte automatisch ein „in Liebe handeln".

Es sind natürlich nur ein paar Gedanken die ich hier anschneide. Das Paradies werden sie nicht erschaffen, aber es ist vielleicht ein Anfang für ein Miteinander, welches dann in die Richtung eines Paradieses führen könnte.

Der Gedankenaufbau

Denken, bewusst denken, setzt voraus, dass ich meinen Geist ganz bewusst gebrauche. Ich entscheide mich einen ganz bestimmten Satz zu entwickeln, einen Gedanken in einen Satz zu kleiden. Es ist mein Geist der diesen Satz entwickeln will und entwickelt hat.

Um ein willkürliches Beispiel zu nennen: das Wort „Urlaub". Vielleicht fällt es mir deshalb ein weil ich gerade müde werde und dadurch auf ausspannen komme. Ausspannen heißt so viel wie entspannen, also Urlaub.

Im gleichen Moment ist mein Geist natürlich in der Lage sich einen schönen Urlaub, vielleicht an der See, vorzustellen. Während ich mir diesen Urlaub so richtig schön ausmale, schießt mir ein anderer Gedanke durch den Kopf. Ein Gedanke auf den ich nie gekommen wäre: „Im Wasser kann man ertrinken".

Woher kommen solche oder ähnliche Gedanken? Diese warnenden Gedanken. Sie kommen aus der Vergangenheit. Einer Vergangenheit die man nicht unbedingt in diesem Leben durchlebt haben muss.

Es sind Gedanken aus dem Ego. Einem Energiewesen in uns, das die Aufgabe hat, uns vor allen möglichen Gefahren zu warnen. Im nächsten Augenblick kommt aber schon eine Entwarnung in diese Gedankenentwicklung: „Man muss ja nicht so weit ins Wasser gehen".

Diese Antwort ist genauso schnell wie das Ego. Es sind unsere geistigen Helfer, die immer um uns sind. Es kann unser Schutzengel sein oder der Engel der Freude, auch einen Engel der Hoffnung gibt es in einem solchen Urlaubsgedanken.

Drei grundverschiedene Gedanken habe ich gerade aufgezählt. Wir kennen sie alle drei, nur können wir sie noch nicht voneinander unterscheiden. Der erste Gedanke ist von uns selbst. Er entsteht aus dem Geist und befasst sich mit der Gegenwart. Dieser Geist entwickelt in erster Linie Gedanken aus der Gegenwart, genau genommen, nur in der Gegenwart. Die Vergangenheit kann er nur aus diesem Leben schöpfen. Eine andere Vergangenheit kann der Geist nicht erkennen.

Die Warnungen eines anderen Geistes, des Egos, beziehen sich auf alle Vergangenheiten die vor diesem Leben gelebt wurden.

Die Entwarnung beschreibt die Zukunft. Unsere geistigen Helfer wollen uns mit dieser Entwarnung nur Mut zusprechen. Sie möchten, dass wir uns entscheiden. Doch diese Entscheidung muss ganz bewusst getroffen werden. In diesem Falle, in dieser Urlaubsfrage, geht es für unsere Helfer um einen Zuspruch für diesen Urlaub. Sie könnten genauso gut sagen: „Fahre nur in den geplanten Urlaub, wenn du ein bisschen auf dich aufpasst, kann überhaupt nichts passieren".

Dieser Gedankenaufbau ist im Prinzip immer vorhanden. Nur, ob ich ihn erkenne und auch noch analysiere ist etwas ganz anderes. Eine Erkennung und die dementsprechende Entscheidung, sind immer dem Geist überlassen und seinem Entscheidungszentrum. Beide entscheidet, ob sie einen solchen Gedankenaufbau anerkennen möchten oder nicht.

In Liebe denken! Bewusst *in Liebe denken*, setzt, wie bei einem normalen Denken, voraus, dass ich mir jeden wichtigen Satz genau überlege. In jeder Unterhaltung habe ich einen Menschen als Gesprächspartner vor mir. Dabei ist es egal ob ich diesen Menschen kenne oder nicht. Ich ihn sogar liebe oder womöglich gar nicht mag. In jedem Falle versuche ich dieses Gespräch so zu führen, dass ich mein Gegenüber nicht verletze oder gar beleidige, ihn nicht erniedrige, sondern ihn immer spüren lassen, dass ich ihn beschenken möchte. Denn wenn ich ihn beschenke, kommen auch von seiner Seite nur Geschenke zu mir.

Seele

Die Seele ist ein seltsames Phänomen. Jeder Mensch kennt sie, aber niemand kann sie sich vorstellen. Da sie auch nicht sichtbar gemacht werden kann wird sie von vielen Menschen nicht anerkannt. In allen Kulturen dieser Welt wird sie in irgendeiner Form beschrieben.

Die folgenden Zeilen hat Marianne vom Vater übermittelt bekommen. Sie beziehen sich auf mich und auf jeden anderen Menschen.

Ich bin das Licht,
Geboren aus dem Licht.
Das Licht gleicht jede Finsternis aus.
Das Licht heilt alle Wunden.
Und das Licht kehrt immer
Wieder in seinen Ursprung zurück.
Ich bin das Licht das alles erleuchtet
Was bis jetzt im Verborgenen lag.
Ich und die Liebe sind alles was ist.

Je öfter ich diese Zeilen lese, umso deutlicher erscheint mir der Zusammenhang des einzelnen Menschen mit seiner Seele.

Die Seele ist das, was wir seit Anbeginn der Welt unser Eigen nennen. Es ist ein anderer Aggregatzustand als wir ihn im üblichen Sinne kennen. Sie besteht aus reiner Energie, die vom Geist gelenkt wird. Unser Energiekörper, den wir hier auf Erden als Seele bezeichnen, besteht aus verschiedenen einzelnen Teilen, die spezielle Aufgaben haben. Unsere „große Seele", oder unser „großes Ich", ist und bleibt immer in der anderen Dimension. Es bleibt in der Göttlichkeit.
Die Entstehung der Seelen aller Menschen steht im direkten Zusammenhang mit dem Beginn der gesamten Welt.
Es ist, oder war, der Beginn, von allem was ist, dem Beginn der Welt.
Mit dem Beginn der Welt meine ich nicht unsere Erde oder das gesamte Weltall. Ich meine, die Entwicklung der erschaffenen Energie.

Ich sagte gerade, dass die Seele reine Energie ist. Aber wer hat diese Energie geschaffen? Denn von allein kann sie nicht entstehen. Es muss also irgendjemand diese Energie geschaffen haben. Die einfachste Antwort, die ich parat habe, ist „Gott". Was auch stimmt.

Da wir Menschen fast nur aus dem geschriebenen Wort der Vergangenheit unsere Weisheit beziehen können, fällt mir gerade bei der Frage: „Wer Gott ist" die Stelle mit dem Dornbusch im Alten Testament ein. Hier fragte Mose die Stimme im Dornbusch: „Wer bist du?". „Ich bin der ich bin" war die Antwort. (Diese Antwort ist in der Zwischenzeit wieder umgeschrieben worden. Ich habe sie in einer alten Ausgabe gelesen und sie hat mir gefallen.)

In gleicher Weise möchte ich jetzt auch auf die Frage nach Gott antworten: „Er ist, der er ist".

Ich habe mich oft durch Marianne mit ihm unterhalten. Er hat mir viel erklärt. Obwohl ich genau wusste, dass er den besseren Überblick von allen Abläufen hat, habe ich mit ihm doch das Streiten angefangen. Ich wollt gerade mit meinen Argumenten kommen, als er mich unterbrach und fragte: „Warum willst du mit mir streiten?" Im gleichen Augenblick erkannte ich die weiteren Hintergründe und wusste, dass ich nicht Recht hatte.
Wir Menschen streiten schließlich gerne. Ob unsere Meinung der Wahrheit entspricht oder nicht, ist den meisten dabei egal. Es ist einfach die Meinung dieses Menschen, sie wird von ihm vertreten und jeder andere sollte sie anerkennen. Auf die Idee, dass jeder ein anderes Wissen und dadurch auch eine andere Wahrheit besitzt, kommt der Streitende nicht. Das ist eine unserer menschlichen Schwächen.

Obwohl ich heute nicht mehr den Grund unserer Unterhaltung weiß, habe ich hierbei gelernt, dass es einen Gott gibt, der genau so denkt wie wir und dadurch auch genau so lebendig ist wie wir. Nur können wir ihn nicht sehen.

Ich vermute, dass sich viele Menschen schon einmal gefragt haben, „Warum kann man Gott nicht sehen und wer oder was ist Gott?" In einem Buch las ich eine gute Antwort: „Wenn ich mich zeigen würde, in irgendeiner Gestalt, so würde der nächste Mensch, der mich in einer anderen Gestalt sehen würde, sofort sagen, das ist nicht Gott, er sieht doch so und so aus. Der Nächste, der mich wieder anders sieht, würde auf die neue Form beharren und so hätten die Menschen bald einen neuen Grund wegen mir wieder einen Krieg anzufangen. In der Menschheitsgeschichte gab und gibt es genügend Kriege um meinetwillen. Und an keinem trage ich eine Verantwortung. Sie muss immer von den Menschen selbst getragen werden".

In einem anderen Buch las ich auf die gleiche Frage folgende Antwort:

„Gott ist ein Gedanke"

Der Vergleich hinkt ein wenig. Denn ein Gedanke kommt auch von irgendwoher.
Ich selbst würde ihn auch >Vater von allem was ist< nennen.

Wer mir bis hierher zustimmen kann, wird mir auch glauben, was ich über den Beginn der Welt sagen kann.

Wenn unsere Gedanken das Denken im Kopf anfangen, dann erzeugen sie eine neue Energie, die am Anfang zwar noch sehr klein und gering ist, die aber größer werden kann wenn mehrere Menschen die gleiche Idee haben. Diesen Vorgang nennt man *Kollektivdenken*. Dieser Kollektivgedanke kann sich jeder Zeit vergrößern je mehr Menschen die gleiche Idee haben. Es spielt dabei keine Rolle, ob es sich bei dem Gedanken um einen lieben oder um einen nicht-lieben Gedanken handelt.

Um wie viel größer und mächtiger muss der Gedanke Gottes sein, um die Energie für den Beginn einer ganzen Welt aufzubringen.

„Ich bin das Licht, geboren aus dem Licht"

Alle Seelen kommen aus einem Licht und sind immer noch Licht, auch wenn wir es nicht wahr haben wollen. Somit sind wir der Beginn von allem was es gibt.

Wenn ich diesen Gedanken weiter verfolge, so sind wir es die das ganze Weltall erschaffen haben. Nicht, dass der Herrgott nichts gemacht hätte, das wäre nicht die Wahrheit. Wir sind das Licht, welches er geschaffen hat und aus diesem kommen wir und alles was sich daraus entwickelt hat.

Ob jemand im eigenen, oder im Sinne Gottes lebt und denkt, erkennt man an der Liebe. Denn Er ist die Liebe. Alles was wir in der Liebe vollbringen ist in seinem Sinne. Alles was wir nicht in der Liebe machen, kommt aus uns selbst. Je weiter wir uns von der Liebe entfernen umso dunkler wird es um uns. Wer in dieser Dunkelheit steckt und der Meinung ist, er sei alleine und verlassen, der irrt sich gewaltig. Der Satz: „Ich bin das Licht, geboren aus dem Licht" hat immer noch seine Gültigkeit. Wir können nicht verloren gehen. Energie, so hat die neueste Forschung festgestellt, kann nicht vernichtet oder verloren gehen. Sie kann sich nur wandeln.

Das Licht gleicht jede Finsternis aus.
Das Licht heilt alle Wunden.

Diese beiden Sätze bedeuten fast das Gleiche für mich. Der erste Satz sagt genau das, was ich über die Seele bzw. über den Menschen in und aus der Dunkelheit beschrieben habe. Wer sich entschließt, die Dunkelheit zu verlassen, der begibt sich immer in das Licht. Sobald sich der einzelne Mensch in der Dunkelheit für das Licht entschieden hat wird er die Heilkraft des Lichtes erkennen.

„Wer die Dunkelheit nicht kennen gelernt hat, kann das Licht nicht schätzen".

Das heißt natürlich nicht, dass sich jeder in die Dunkelheit begeben soll, um das Licht wieder zu erkennen. So ist der Gedanke nicht gemeint.
Wer im Licht ist, wird immer im Licht bleiben, denn er will nicht in die Dunkelheit zurück. Alle Menschen, die das Licht lieben, waren bereits in der Dunkelheit.
Alle Menschen die heute noch mit dunklen Gedanken leben, können die Schönheit des Lichtes noch nicht sehen. So, wie auch sie sich in die Richtung des Lichts bewegen, so bewegen wir uns alle ebenfalls in die gleiche Richtung.
Niemand ist von dunklen Gedanken ausgenommen, aber jeder kann sich frei entscheiden in welche Richtung er sich entwickeln möchte.
Wer sich aber für das Licht entscheidet, kann getrost im Licht weiterleben. Niemand braucht sich Vorwürfe zu machen und sich in die Einsamkeit verkriechen.
Alle Erfahrungen, die man gemacht hat, sind zum Lernen da und wer dies weiß, der handelt auch danach.
Alle Wunden, die wir uns in den vergangenen Zeiten zugefügt haben, werden immer durch das Licht geheilt. Wenn wir es wollen und die Zeit dafür reif ist, wird sich alles in Licht und Liebe verwandeln.

Und das Licht kehrt immer
wieder an seinen Ursprung zurück.

Wir können uns nie so weit von der Quelle des Lichts entfernen, dass wir nicht doch wieder zu ihr zurückfinden. Wir brauchen nur etwas mehr Zeit. Ich meine, hier nicht die Zeit, die wir auf der Erde verbringen, sie ist zu kurz um überhaupt in Betracht gezogen zu werden. Hier spreche ich von einer Zeit, für die es kein Maß gibt.

Jeder, der am Ende seines Lebens den Körper verlässt, betritt mit seinem Mentalkörper eine neue Ebene. Er befindet sich in einem Raum in dem er uns Lebende sehen kann. Er selbst ist aber noch nicht im Licht. Nennen wir diesen Raum einmal *Zwischenraum*. Einen Zwischenraum zwischen Erde und Licht. Obwohl dieses Wort nicht ganz der Wahrheit entspricht. Es gibt noch viele Zwischenräume, so fällt mir doch kein besseres Wort ein.
Unsere Gedanken haben sich nach dem Verlassen des Körpers nicht geändert. Wir können immer noch auf die gleiche Art und Weise denken. Nur der direkte Bezug zur Erdoberfläche geht langsam verloren.
Was bleibt, ist die Erinnerung und das Gefühl an unser vergangenes Leben.
Wer noch nie etwas vom Licht des Lebens gehört hat, wird es auch nicht im Zwischenraum suchen. Er fühlt nur eine Sehnsucht nach etwas Neuartigem, ihm Unbekannten. Von jetzt an beginnt das Nachdenken über das was er sucht. Wie lange das dauert weiß niemand. Denn Zeit gibt es im Zwischenraum nicht. Irgendwann führen ihn seine eigenen Gedanken zum Licht. Irgendwann, wenn seine Gedanken zur Ruhe gekommen sind, wird er über alles, was er im letzten Leben gehört und gelesen hat, nachdenken. Irgendwann führen ihn seine Gedanken wieder ins Licht, denn irgendwann kann er sich wieder an das Licht erinnern.

Ich bin das Licht das alles erleuchtet
was bis jetzt im Verborgenen lag.

Das Licht ist die Liebe und die Liebe verurteilt nicht. Es erinnert uns an vergangene Zeiten. Ob schön oder nicht schön, alles gehört zum Leben. Wer die Vergangenheit anerkennt wird auch die Zukunft überstehen denn das Licht ist unser Begleiter.

Ich und die Liebe sind alles was ist.

Ich bin wir und wir sind das Licht und das Licht kommt aus dem großen Gedanken, wir, im Licht, sind, der Vater, der Geist und seine Söhne und Töchter, wir, *wir sind alle Teil des Ganzen.*

Freiwillig

Alles was geschehen ist, geschah in vollkommener Freiwilligkeit. Denn nur die Freiwilligkeit zeigt uns den Weg ins Licht.

Jeder sucht sich seinen Weg im Leben so zu gestalten, dass er mit sich und seinen Entscheidungen zufrieden ist und Freude am Ergebnis hat. Die Umstände aber, in die man hineinwächst, führen nicht immer auf den Weg, den die Seele sich vorgestellt hat. Schon im Mutterleib wird jeder Mensch beeinflusst. Später wird man von seiner Umgebung, oder Umfeld in eine bestimmte, zeitentsprechende Lebenseinstellung, hineingedrängt. Oft wird auch gesagt: „Die Zeit prägt den Menschen".

Logisch, alles prägt einen Menschen. Die Frage ist nur, ob ich mich prägen lasse bzw. ob mir diese Prägung gefällt.

Die Entwicklung eines Kindes bedeutet zu Beginn immer ein Anpassen an die Gesellschaft. Je älter ein Kind wird, desto mehr zeigt es der Gesellschaft, wohin es selbst gehen möchte. Vom Zeitpunkt seines beginnenden Wunschdenkens an spürt es auch die Grenzen in seiner Gesellschaft. Die Eltern sind in jedem Fall ein Teil der Gesellschaft. Genau genommen ist es die Mutter die mit einem Kind eine erste Beziehung aufbaut und somit auch die erste Gesellschaftsform für das Kind darstellt.
Hier beginnt auch schon eine Entwicklung, die den Druck einer Gesellschaft, übertragen durch die Mutter, hervorhebt. Je nachdem, welche Gesellschaftsform die Mutter gewählt hat, dementsprechend überträgt sich das gleiche Muster auf das Kind.
Dieser Weg beginnt im Mutterleib und setzt sich nach der Geburt über die gesamte Kindheit fort. Es ist dabei nicht von großer Bedeutung mit wem das Kind im Laufe der nächsten Jahre in Kontakt kommt. Es lernt von jedem etwas. Je älter das Kind wird, umso mehr lernt es von anderen Mitmenschen. Maßgebend ist in jedem Fall die Keimzelle seines Aufenthaltes. Fühlt es sich in seiner Familie wohl, so wird es in ihr immer wieder neue Kraft auftanken. Eindrücke der Außenwelt werden besprochen und als Erfahrung abgespeichert.
Bei allen diesen Überlegungen ist die Häufigkeit oder die Zeitdauer der Einwirkungen zu berücksichtigen. Hält sich ein Kind oft in einer negativ denkenden Umgebung auf, so wird es dieses Gedankenmuster als gegeben und normal betrachten. Diese Gedankenmuster werden dann automatisch übernommen. Ist die Umgebung positiv und voller Freude so geschieht das Gleiche in dieser Form.

Die Möglichkeit der Kinder, sich in den jungen Jahren freiwillig für etwas Bestimmtes zu entscheiden ist sehr begrenzt. Unsere Tochter Sandra sagte einmal zu uns mit ca. zwölf Jahren, „Ihr seid doch die Eltern, ihr müsst doch wissen was wir machen dürfen und was nicht".
Mit „wir", meinte sie ihre Schwester und sich.

Von diesem Moment an war es meiner Frau und mir vollkommen klar was sich im Kopf dieses Mädchens, in Bezug auf unsere Lebensführung mit ihnen, abspielt. Wenn nicht widersprochen wird, dann kann man alles machen. D.h. für die Kinder: sie brauchen klare Anweisungen in ihrem täglichen Leben. Fehlen diese Anweisungen so wird aus der Lebensführung eine Lebensbestimmung. Dann bestimmen die Kinder wohin es geht und nicht die Eltern.
Mit den Jahren werden die Kinder immer selbständiger und übernehmen, wenn man sie lässt, mehr Aufgaben, als uns manchmal lieb ist. In solchen Fällen können wir als Eltern nur sehr vorsichtig auf eventuelle Gegensätze aufmerksam machen. Die Kinder wollen entscheiden lernen und schießen bei ihren Entscheidungen auch mal über das gesetzte Ziel hinaus.
Wer seine Kinder mit viel Liebe, Fürsorge und Einfühlungsvermögen durchs Leben begleitet, wird später immer seine Freude an ihnen haben.
Laut der staatlichen Gesetzgebung sind alle Kinder mit dem 18ten Lebensjahr volljährig. Sie sind zwar noch nicht erwachsen, aber sie sind dem Zugriff der Eltern entzogen. Von jetzt an dürfen und können wir nicht mehr eingreifen. Auch einen so genannten guten Rat können wir ihnen nur geben, wenn wir gefragt werden. Ansonsten werden sie immer alles so machen, wie sie es für richtig halten.

Was ich hier geschildert habe ist die Art der Begleitung die meine Frau und ich angewendet haben. In anderen Familien und auch bei allein stehenden Elternteilen kann und wird es natürlich anders sein.

So wie in jungen Jahren die Entscheidung der Freiwilligkeit in Frage gestellt werden kann, so muss sie auch im weiteren Leben immer wieder neu gestellt werden. Nur die Entscheidung selbst kann nicht in Frage gestellt werden. Jeder muss sich laufend entscheiden, ob er will oder nicht. Denn keine Entscheidung ist auch eine Entscheidung.

Spätestens jetzt sollte die Frage erlaubt sein: „Gibt es überhaupt eine Freiwilligkeit, und müssen wir, hier auf der Erde, alles so durchmachen? Oder haben wir noch eine andere Möglichkeit?"

Rufen wir uns noch einmal den Werdegang des Lichtes in Erinnerung.

Ich bin das Licht,
Geboren aus dem Licht.

Dieser Satz besagt ja nicht nur, dass ich ein Lichtwesen bin, das aus dem Licht kommt. Er sagt auch, dass ich vollkommen freiwillig auf dieser Erde bin.
Niemand, wirklich niemand, kann mir den Befehl geben: „Du musst jetzt auf diese Erde gehen, musst alle diese Erniedrigungen, alle diese Plagen, und wer weiß was noch alles, auf dich nehmen und am Ende kommst du auch noch in die Hölle, wenn du nicht alles machst und glaubst was man dir sagt."
Glauben Sie, liebe Leser, hier auf dieser Erde, wäre dann auch nur ein einziger Mensch? Nein, nie und nimmer gäbe es auch nur

einen Menschen auf dieser Erde, unter solchen Voraussetzungen. Jeder würde sich einer solchen Aufforderung widersetzen. Und doch ist die Erde voller Menschen. Warum? Nur weil wir alle freiwillig hier sind!

Wir Energiewesen haben uns eine Lebensform geschaffen, in der wir alles das machen können was wir wollen. Wir leben so, wie wir es uns zuvor ausgesucht und vorgenommen haben.

Das alleine kann es aber immer noch nicht sein. Richtig, es steckt mehr dahinter denn dieser Planet ist für uns eine große Herausforderung. Er gibt uns die Möglichkeit zur freien Entscheidung. Unser Geist kann sich in jeder Hinsicht frei entscheiden. Ob es sich um die Art und Weise des Wohnens oder auch des Standortes handelt, jeder entscheidet selbst, was er machen möchte.
Aber viel wichtiger sind die Entscheidungen die jeder Einzelne für seine Person trifft. Entscheidungen die seine eigene Persönlichkeit aufbauen und nicht verstecken. Die ihn zu einem verlässlichen, hilfsbereiten und liebenswürdigen Mitmenschen der Gesellschaft machen.

Viele Entscheidungen im Leben werden nicht getroffen, weil man meint, sie nicht mehr treffen zu können. Bei anderen Entscheidungen scheut man sich sie wieder zurück zu nehmen. Es gibt auch Entscheidungen die die Eltern, für einen getroffen haben, und von denen die Kinder dann nicht mehr loskommen, um als erwachsene Menschen, aus der Gewohnheit heraus, nichts mehr ändern wollen. Solche Entscheidungen beeinflussen immer den einzelnen Menschen und jeder wird einmal in diese oder jene Richtung geleitet.

Die schwierigsten Entscheidungen sind immer jene, die die Gewohnheiten verändern könnten. Sie kosten eine ungeheure Willenskraft.

Allein schon der Wille, dass man nicht so werden will, wie ein Teil der eigenen Familie, z.b. Widerwillen gegen Alkohol oder gegen das Rauchen, ist eine Entscheidung von großer Tragweite, für das Leben eines jeden Menschen.

So wie man diese Entscheidung trifft oder auch nicht, so kann man jede Entscheidung, in allen Dingen, treffen.

Die nachhaltigsten Entscheidungen sind aber immer die, die man überhaupt nicht trifft. Es sind Entscheidungen die andere Mitmenschen für uns treffen und über die wir früher oder später stolpern.

Richtig oder falsch

Ich frage mich gerade, was die richtigen Entscheidungen sind, aber dann müsste ich zuerst nach „richtig oder falsch" fragen.

Wer sagt mir was richtig oder falsch ist? Würde ich den Staat nach der Richtigkeit fragen, so würde er antworten: „Wenn du dich außerhalb meiner Gesetze mit deinen Taten bewegst, so ist das falsch". Da ich aber weiß, dass die Gesetze nicht jeden einzelnen Fall berücksichtigen können, muss ich in vielen Fällen mein Recht einklagen.

Frage ich die Religionen nach dem, was richtig ist, so bekomme ich die gleiche Antwort. „Richte dich nach unseren Gesetzen und du machst nichts falsch".

In allen Institutionen haben wir Richtlinien und Gesetze, um ein reibungsloses Zusammenleben zu ermöglichen. Wir können ohne sie nicht auskommen. Ob es viele oder wenige Gesetze sein müssen, entscheiden die jeweiligen verantwortlichen Menschen in den dazugehörigen Organisationen. Ob sie richtig oder falsch sind, steht nie zur Debatte. Sie müssen in erster Linie den Ablauf einer jeden Organisation aufrechterhalten. Auch sind alle Gesetze variabel und werden laufend oder nach Bedarf abgeändert.

Wenn ich es recht überlege, so sollten diese Wörter, „richtig" oder „falsch", überhaupt nicht existieren. Sobald ich mich für eine Tat entscheide werde ich ganz schnell merken ob es richtig war oder nicht. Wenn eine Tat passt, so kann ich mich freuen, denn niemand beschwert sich. Wenn es aber nicht passt, so ist das Geschrei der Mitmenschen schneller und lauter zu hören als es mir lieb ist.
Wie könnte ich die Wörter „Richtig und Falsch" ersetzen? Im Augenblick fallen mir nur die Wörter „Liebe und Stimmigkeit" ein.
Jeder Satz, der in Liebe gesprochen wird, kann niemanden verletzen, genauso wie jede Tat, in Liebe ausgeführt und stimmig ist, jeden erfreuen kann.

Schuld und Vergebung

Aus Wörtern die in Nicht-Liebe gesprochen werden, können Schuldgefühle entstehen. Jeder kennt eine solche Situation. Im Eifer des Wortgefechts werden Wörter gesagt die man nie gesagt hätte, wenn man über diese Situation vorher nachgedacht hätte. Das nennt man *Affekthandlung*. Eine schnelle und ehrliche Entschuldigung und die Vergebung des Gesprächspartners ist die einzige Möglichkeit, um ein Missverständnis oder eine Verletzung und damit ein Schuldgefühl richtig aus der Welt zu schaffen.

Diese Art von Schuldgefühlen ist meines Wissens die Geringste, die man sich aufladen könnte. Wie aber sieht es mit den Schuldgefühlen aus, die man hinter dem Rücken eines Menschen aufbaut. Die Verleumdung, die verbale Gewalt in der Familie und in den Firmen, bei all diesen Verhaltensweisen werden Schuldgefühle aufgebaut die nie zurückgenommen werden. Denn niemand bekennt sich zu ihnen. Oder sie werden aus eigener Machtüberzeugung bewusst eingesetzt, um seinen eigenen Willen dem Anderen aufzuzwingen. Wir alle kennen dieses Spiel und wir benutzen es auch. Aber die Frage ist doch: Wie komme ich aus diesem Gedankenspiel wieder heraus? Will ich überhaupt da rauskommen? Oder habe ich es noch gar nicht bemerkt, in wieweit ich überall drin stecke?
All dies sind Entscheidungen die ich einmal getroffen habe und für die ich auch die Verantwortung trage. Es ist ein Gedankengut welches in uns steckt und ich selbst muss es entdecken und es nicht mehr wollen. *In Liebe denken* ist eine Möglichkeit aus diesem Gedankengut auszubrechen. Eine zweite Möglichkeit ist die *Vergebung.* Ich selbst muss allen Menschen vergeben die mir in Gedanken oder in Taten etwas zuleide getan haben. *In Liebe denken* erlaubt keine Hassgedanken. Die Liebe erlaubt nur die Liebe. Wenn ich jetzt noch davon ausgehe, dass wir Lichtwesen nur einen kurzen Augenblick auf dieser Welt und eine viel längere Zeit wieder im Licht sind, so können wir gar nicht anders handeln als uns lieben und uns alles vergeben.

Die Entfernung

In der Geografie bezeichnet man den Weg von einem Ort zu einem anderen als eine Entfernung. Ich möchte in diesem Abschnitt über die Entfernung zwischen den Menschen und Gott ein paar Gedanken niederschreiben.

Viele Menschen kennen den Ausspruch: „Wo ist Gott und warum tut er nichts gegen diesen Krieg"? Dieser Satz, oder einen ähnlichen, wurde schon so oft ausgesprochen und keine Religion und kein Priester konnte sie, soweit ich weiß, je richtig beantworten. Ich werde versuchen, wenigsten Ihnen, liebe Leser, eine passende Antwort zu geben.

Im ersten Teil des Satzes ist die Frage nach dem „Wohnort" eines Gottes gestellt. Ich frage mich jedoch zusätzlich, nach welchem Gott gerufen wird? Für mich gibt es nur einen Gott. ER, der Alleine, der weder männlich noch weiblich ist, der für jeden Menschen da ist, der von jedem Menschen angesprochen werden kann, und der die Liebe in Person ist.
Jede Religionsgemeinschaft bezieht sich auf „ihren einzigen Gott, den die anderen nicht haben. In ihren Kriegen kämpfen sie im Namen „ihres" Gottes. Die Verlierer eines Krieges fragen dann: „Wo ist oder war Gott und warum tut er nichts gegen diesen Krieg"?
Jeder Fragende kennt den Gott nicht, nachdem er ruft oder weiß nicht wo er wohnt, denn sonst würde er nicht fragen.
Jeder, der nach Gott fragt, kennt ihn nicht und weiß nicht wo er ist.

Gott ist eine Energie und als solche ist er immer in unserer Nähe. Er ist augenblicklich und immer von uns erreichbar.

Er ist der, der durch seine Gedanken die Energie dieser Welt geschaffen hat, aus der alles entstanden ist.

Diese Erschaffung ist im Prinzip der Lichtblitz, auf den die Wissenschaftler hinweisen, wenn sie von der Erschaffung der Welt sprechen. Das war die Erschaffung der Welt.

Da zu Beginn aller Zeit nur Gott vorhanden war, so konnte er diese Energie auch nur in sich erzeugen und wirken lassen.

Aus diesem Grund können wir uns nur in unseren Gedanken von Gott entfernen. In Wirklichkeit sind und leben wir, in Gott. Die Erde, das Weltall, alles was wir sehen ist in Gott. Es gibt kein außerhalb von Gott.

Wir, die Energiewesen, stellen ihn und uns in unserem Bereich des Lebens immer wieder neu dar. Wobei sich die Bereiche des Lebens ebenfalls immer wieder neu gestalten. Einer dieser Gestaltungsbereiche ist der Planet den wir Erde nennen, und eine unserer Erscheinungsformen auf diesem Planeten ist die menschliche Form. Für andere Energiewesen ist es der Baum oder die Blume oder das Tier, die sie als Erscheinungsform gewählt haben. Je nach dem was ein einzelnes Energiewesen für eine Daseinsform sich wünschte.

Nur in den Köpfen der Menschen, die auf dieser Erde leben, spielen sich all diese Gedanken der Entfernung von Gott, Angst vor Gott, die Suche nach Gott und der Glaube an einen Gott, der irgendwo sein muss, ab.

Auch die Andersartigkeit der Götter ist nur in den Köpfen der Menschen entstanden. Denn sie entscheiden in ihrer Selbständigkeit ob sie nur einen oder mehrere Götter haben wollen.

Vertrauen

Ich traue ihm-, ich traue ihm nicht-, ich traue ihm nicht über den Weg, ich vertraue ihm, ich kann ihm nicht vertrauen, dieses Denken ist fest in uns verankert und wir handeln danach. Wir sind unsicher in unserer Denkweise und übertragen dieses Denken auf unseren Gesprächspartner und meist auch auf alle anderen mit denen wir zu tun haben. Dieses Misstrauen ist quasi ein Schutz.

Vertrauen aufbauen bedeutet einen großen Teil des Lebens miteinander zu verbringen. Ehen und Freundschaften sind Gemeinschaften in denen man dieses Vertrauen lernen kann. Es braucht viel Zeit.

Wie aber baue ich ein Vertrauen zu meinem Gott auf? In allen Religionsgemeinschaften gibt es Menschen die die Lehre von ihrem Gott studiert haben und die später dieses Wissen weitergeben werden. Jeder, der diesen Lehrern zuhört, vertraut ihnen und baut dadurch auch ein Vertrauen auf diesen Gott auf. Sind diese Lehrer gut und können ihre Lehre überzeugend vermitteln so werden ihnen ihre Zuhörer mit Begeisterung folgen. Das Vertrauen zu ihrem Gott ist unbegrenzt.

Das Wort „Gott" ist ein Begriff der über allen Religionsgemeinschaften steht. Folglich ist er unabhängig von allen Menschen.

Was bleibt einem gläubigen Menschen für eine Wahl wenn er mit den Ausführungen und Gedanken seiner Priester nicht mehr übereinstimmt? Er kann sich aus der Religionsgemeinschaft zurückziehen und ohne sie leben oder er sucht sich eine neue Gemeinschaft.
Es gibt für jeden Menschen einen Weg seinen Gott zu finden.

Wir, meine Frau und ich haben einen Weg gefunden und dieses Wissen beschreiben wir in unseren Büchern.

Perfektion / Stress

Immer und überall so genau wie möglich zu sein, um keinen Fehler zu machen, ist auch eine Eigenschaft, die wir uns angeeignet haben. In Richtung Außenwelt will niemand einen Fehler machen. Alle wollen perfekt sein und niemand ist es.
Was heißt perfekt sein? Für mich heißt es mehr zu geben, als ich zu geben habe. Wenn ich alles das gebe was ich kann, ohne Einschränkung, so ist das perfekt genug, mehr geht nicht. Jede Anstrengung darüber hinaus macht mich krank.
Ein Teil unserer Zivilisationskrankheiten kommen durch diese Perfektion. Das moderne Wort dafür ist „Stress". D.h. ich setze mich selber unter Stress, nur um die Perfektion aufrecht zu halten.
Die vergangenen Jahre laufen in Gedanken gerade an mir vorbei. Alles hat sich vergrößert oder vervielfacht. Die Anforderungen sind von Jahr zu Jahr gestiegen, egal mit welchem Jahr ich anfange. Auch die Industrialisierung ist ein Grund des Stresses. Aber ist es wirklich der Hauptgrund? Sind wir es nicht selber, die diesen Stress verursachen? Niemand zwingt uns, ein ganzes Leben

lang diesen Stress mitzumachen. Es zwingt uns auch niemand alles das nachzumachen was vielleicht der Nachbar tut oder was die Gesellschaft von uns erwartet. Wir alle sind selbstständig denkende Wesen, die selbst entscheiden können was sie machen wollen und was nicht. Ich will damit nicht sagen, dass wir alle aus der Gesellschaft aussteigen sollen, das wäre auch nicht immer der richtige Weg. Alleine die Regulierung unserer Bedürfnisse würde zu einer Reduzierung des Stresses führen.

In Liebe denken heißt auch, die eigenen Fehler und die der Mitmenschen zu akzeptieren, denn niemand ist fehlerfrei. In Wirklichkeit gibt es keine Fehler, denn jeder so genannter Fehler zeigt uns immer noch eine zweite Möglichkeit auf. Diese haben wir nur noch nicht erkannt und gewählt. Jeder so genannter Fehler kann korrigiert werden, oder nicht?

Das Spiel von Wille und Macht

Dem anderen Menschen unseren Willen aufzudrängen, von den eigenen Kenntnissen so überzeugt zu sein, dass man der Meinung ist, jeder muss der gleichen Meinung sein, ist auch eine Eigenschaft die nicht unbedingt für eine gute Zusammenarbeit sorgt.
Es ist der Wille zur Macht, der uns in der Dichte dieser Welt, zu solch einem handeln drängt. Die Vergangenheit der Menschheit zeigt uns doch in aller Deutlichkeit wie „schön" das Leben ist, wenn wir die Macht haben. Im Kollektivdenken der Menschheit ist das Streben nach Macht immer noch fest verankert. Dieser Wille ist noch so stark ausgebildet, dass selbst der Frieden ohne Ohnmacht nicht durchführbar ist.

Die Denkweise eines jeden Menschen ist verschieden. Es ist für niemanden erkennbar wie der Andere denkt. Weil es so ist wie es ist, führt unser Denken, in den verschiedensten Diskussionen, immer wieder zu Missverständnissen.

In der Arbeitswelt ist es einfach. Hier gibt es ein Ziel und jeder strebt danach. Sobald es aber in diesem Arbeitsumfeld zu Diskussionen kommt, merken wir sehr schnell, mit wem wir einer Meinungen sind und mit wem nicht. Ein Abgleichen der verschiedenen Meinungen und ein aufeinander zugehen kann zu einem Konsens führen.
Unser Streben sollte immer ein Miteinander sein, da wir ja alle ein Teil von einem Ganzen sind.
Wer auf seine Position beharrt, den anderen nicht akzeptiert, spielt mit der Macht der Gewalt.

Auf dem privaten Sektor ist es noch um einiges schwieriger als in der Arbeitswelt. Privat geht es hauptsächlich um Meinungen die vertreten werden. Es kommt nur auf mein eigenes Geschick an. In diesen Unterhaltungen zeigt es sich, ob ich mit der Macht der Gewalt spiele, oder ob ich mit Geduld meinem Gegenüber begegne.
Echte Geduld muss ich lernen. Die Ruhe, die ich brauche, um meinem Gesprächspartner folgen zu können, kommt aus der Geduld und dem Zurücknehmen meiner eigenen Gedanken. Im Prinzip weiß ich heute, dass jeder Mensch nur seine eigene Wahrheit sagen kann, und die kann leicht von meiner abweichen.
Aus der Vergangenheit wissen wir, dass nur der starke Mensch eine   Überlebenschance hatte. Mit der Macht der Gewalt versuchte man dem Anderen überlegen zu sein.

Bei unwichtigen Diskussionen geht man vielleicht noch über alles hinweg und überlässt den Machtstrebenden das Feld. Sobald das Thema aber eine gewisse Bedeutung hat, wird niemand nachgeben und der Streit kann beginnen. Nicht nur unsere Gerichtsbarkeit ist aus den Streitereien entstanden. Schon aus tiefster Vergangenheit gibt es Zeugnisse von Streitigkeiten und Schlichtungen durch andere Personen.

Unter der Voraussetzung, dass der Mensch um Geburt, Tod und Wiedergeburt weiß und dass er nur auf dieser Erde ist um neue Erfahrungen zu machen, für den ist das Ganze wie ein Spiel. Es bleibt dann nur noch die Frage: Will ich bei diesem Spiel mitmachen oder nicht?

Eigenverantwortung

Alles sind Energien, Energien der Gedanken. Energien die wir bilden, die wir erzeugen, die wir selbst produzieren. Energien die uns verändern, ob wir wollen oder nicht. Unsere Gedanken gehen von einer Energiebahn zur andern. Immer wieder werden neue Energien gebildet und verworfen. Es ist der normale Gedankenvorgang der sich vor einer Entscheidung abspielt. Wer sich an dieser Stelle für einen neuen Weg in seinem Leben entscheidet, und sei er noch so klein, handelt immer in eigener, bewusster Verantwortung. Viele Menschen haben vergessen, dass sie für sich selbst verantwortlich sind. Auch wenn wir es nicht wahrhaben wollen, wir müssen uns an diese Regel halten. Es ist ein Gesetz, das nicht geschrieben steht, das uns aber trotz allem beeinflusst. Es verändert uns, wenn wir uns nicht daran halten. Es ist die Eigenverantwortung gegenüber uns selbst.

Diese Verantwortung, für sich selbst, ist so bedeutungsvoll, dass wir sie gar nicht hoch genug einschätzen können.

Ich habe gestern eine neue Energie kennengelernt von der ich noch nichts wusste, und von der ich auch nicht erwartet hätte, dass es sie gibt. Es war die Energie eines Menschen, der sich im Leben keiner Verantwortung stellen will, der in den Tag hinein lebt und der mit allem zufrieden ist, was andere Menschen mit ihm machen. Wobei ich den letzten Satz bezweifeln möchte. Aus Gesprächen weiß ich, dass er unzufrieden ist. Um seine Situation zu ändern, müsste er sich selbst ändern und dazu fehlt ihm die nötige Motivation. Er hat nie gelernt ein eigenverantwortliches Leben zu führen. Heute ist er soweit von einem verantwortungsvollen Leben entfernt, wie ein Kind mit sechs oder acht Jahren, obwohl er selbst Kinder in diesem Alter hat.

Passend zu diesem Thema ist Mariannes Traum.

Wir beide sehen einer ganzen Menge Menschen von oben zu wie sie auf ihren täglichen Wegen, gehen. Wohin sie auch gehen, überall werden ihnen immer neue Barrieren in den Weg gestellt. Jeder neue Weg ist nach wenigen Schritten wieder versperrt. Je mehr sie nach neuen Wegen suchen, desto mehr merken sie, dass sie nur noch in unserem großen Haus Zuflucht finden können. Nach einer Weile meint Marianne, wir sollten uns vom Fenster zurückziehen sonst sind die Menschen auch in diesem Haus nicht mehr sicher.

Aber auch im Haus benehmen sich die Menschen seltsam. Viele gehen weiterhin suchend herum. Einzelne setzen sich in irgendwelche Ecken, um nicht gesehen zu werden. Viele setzen sich teilnahmslos auf den Boden, Andere legen sich gleich hin und warten auf das, was vielleicht noch kommen kann. Wieder andere sind der Verzweiflung nahe und wissen nicht mehr weiter, aber keiner macht irgendwelche Anstalten wieder zu gehen. Mariannes einzige Sorge, beim Anblick dieser vielen Menschen, war nur: „Wie kann ich all diese Menschen nur verköstigen?"

Je eigenverantwortlicher ein Mensch lebt und handelt, desto leichter ist sein Leben.

Wandlung oder Abendmahl

Es ist heute der 5. Mai 2009 und wir haben uns wieder einmal mit Sananda unterhalten. Es ging um die Wandlung die in der kath. Kirche jeden Sonntag und an allen Feiertagen, sowie nach Bedarf, durchgeführt wurde. Jeder Bibelleser wusste, dass es zu Zeiten Jesu noch keine Priester gegeben hat. Bei diesem Gedanken schaltete sich Sananda mit ins Gespräch ein und verwies auf die Jünger die damals diese Aufgabe übernommen hatten. Gleichzeitig machte er mich auf die Chronik der Maria aufmerksam, dort stehe doch alles.

Jetzt sind wir im Abendmahlsaal. Es sind große, schwere Tische, auf denen gedeckt ist. Licht kommt von den Fackeln an den Wänden.
Brot und Kräuter werden zusammen gegessen. Eine bedrückte Stimmung herrscht in beiden Räumen. Obwohl das Paschafest vor der Tür steht, kommt keine freudige Stimmung auf.
Jesus bittet um Aufmerksamkeit. Im gleichen Moment fallen mir die Worte von gestern ein. Wir Frauen und Johannes wissen, was jetzt kommt.
Der Becher wird noch mal nachgefüllt. Es wird ruhig in den Räumen. Jetzt kommt das Zeichen von dem er gesprochen hat.

„Seht, dass soll mein Zeichen für euch sein: esst dieses Brot und trinkt den Kelch und ich werde in euch sein. Ich bin die Auferstehung, die Wahrheit und das Leben, seit euch bewusst, dass dies zu allen Zeiten und immerdar mein Leib und mein Blut zu eurem Heil in dieser Speise ist. So wie ich euch liebe, so liebt einander. Ich möchte euch noch sehr viel sagen, aber ihr würdet es jetzt nicht verstehe. Erst wenn ich euch den Geist gesandt habe, werden sich eure Gedanken und Augen öffnen und ihr werdet verstehen, wozu dies alles geschieht. Der Friede und die Liebe meines Vaters, gegeben durch mich, seien mit euch".
Alle sind jetzt sehr ruhig.

„Seit nicht bedrückt, ich habe euch versprochen: Wo zwei oder drei meiner Gedenken, da bin ich unter ihnen".

Ganz langsam wird aufgebrochen, Jesus will zum Ölberg. Er müsse sich Kraft und Trost vom Vater holen, sagte er zu uns.
Vor dem Haus empfängt uns eine große Geschäftigkeit. Die Menschen sind ganz hektisch. Es ist eigenartig. Nur wir wissen, was kommt. Jetzt sind wir außerhalb der Stadt. Es ist ruhiger. Wir sind auf dem Weg zum Ölberg.
Auszug aus „Wir sind alle Teil des Ganzen"
Chronik der Maria   Seite 123

Aus einem Paschamahl, gebunden an die Tradition der Vergangenheit, wurde das Liebesmahl der Zukunft. Eingeführt durch einen Mann namens Jesus den Christus, was so viel wie „der Gesalbte", bedeutet. Es war sein Wunsch, den Menschen seiner Zeit und seinen Freunden ein immerwährendes Andenken an ihn zu hinterlassen.

Jedes Fest beginnt, damals wie heute, mit einem Festmahl, also immer mit den Worten: esst und trinkt und lasst es euch schmecken. Er machte aus einem solchen Fest für uns ein immerwährendes Fest der Liebe.

Ich bin die Auferstehung, die Wahrheit und das Leben, sind die größten, zukunftsweisenden Worte die er je gesagt hat. Von der Wiedergeburt des Menschen wusste jeder und es blieb jedem überlassen daran zu glauben oder auch nicht. Das Wort von der Auferstehung war neu und es kam auch erst nach seinem Tod zum Tragen, genauso wie die Bedeutung von der Wahrheit und dem Leben.

Die Auferstehung sollte den Menschen klar machen, dass es ein Leben nach dem Tod gibt. Immer wieder zeigte er seinen Freunden nach der Kreuzigung, dass es ihn gibt. Alles was er ihnen zuvor beigebracht hat, über die Liebe und das Leben, ist durch seine Auferstehung beglaubigt worden. Der Inhalt seiner Worte ist zur ewigen Wahrheit geworden. Es spielt heute keine Rolle mehr, ob wir die Worte wissen oder nicht, denn alle Gedanken, die in der Liebe gedacht und ausgesprochen werden, sind seine Gedanken und seine Worte. Es war und ist seine Aufgabe, den Menschen die Liebe ins Herz zu legen. Der Hinweis, dass das Brot und der Inhalt eines Kelches bei einer solchen Feier, immer sein Leib und sein Blut sind, unterstreicht nur noch die Bedeutung eines solchen Liebesmahles.

Das Judentum kannte nur einen Gott, den Gott, der sie über Jahrhunderte begleitet hatte und an den jedes Gebet gerichtet war. Jesus sprach von einem Geist, den er den Menschen nach seiner Auferstehung senden würde. Auch das war etwas ganz Neues. Nicht, dass es diesen Geist nicht schon gegeben hätte; er war schon immer vorhanden, nur wusste niemand von ihm.

Ich habe mich oft, durch Marianne, mit diesem Geist unterhalten. Er und der Vater sind eins und doch sind sie verschiedener Natur. Seine Aufgabe ist es unter anderem den Menschen den göttlichen Anstoß zu geben.

Die Wirkung beider Personen ist immer gleich, sie wirken von innen. Spirit, der Geist, gibt den Anstoß und lässt seine Energie wirken. Sananda, der himmlische Namen für Jesus, wirkt ebenfalls von innen, wie die Energie einer Medizin.

Ein solches Liebesmahl, herbeigeführt von uns durch eine bewusste Handlung, ist für Sananda immer wieder ein Grund sich neu zu verschenken.

Die Erschaffung

Dieser Satz: „Ich konnte nur durch dich zur Welt kommen, weil du der weibliche Teil des Vaters bist und nur so konnte ich Sohn sein", vom April, ging mir nicht aus dem Kopf. Dieser Satz wurde Marianne an einem Vormittag, ganz einfach, aus heiterem Himmel, durchgegeben. Ich konnte an diesem Tag nicht einmal fragen, wer ihn durchgegeben hat. Die Verbindung war anschließend nicht mehr vorhanden.

Wer den Satz genau liest, der wird bald feststellen, dass noch viele Fragen in ihm stecken. Und genau diese Fragen stellte ich eines Morgens. Das Ergebnis meiner Fragen ist so großartig, dass ich einige Tage gebraucht habe, um die Tragweite zu erkennen.

Der erste Tag dieser Welt ist die Erschaffung einer Energie die es möglich macht aus sich heraus zu existieren. ER, der Vater aller Dinge, erschuf in sich eine Energie zu seiner eigenen Freude.

Eine Energie, die ER in sich sehen konnte, denn seine eigene Energie war das Einzige was es gab.

Diese Energieerschaffung war die Voraussetzung für alles was dann geschah. Alles was jemals in irgendeiner Form entstand, ist aus dieser Energie entstanden. Wobei es für mich nicht von Belang ist wann, was und wo es zuerst war. Für mich war die Frage nach der Menschlichkeit von großer Bedeutung.

Denn, wenn Jesus oder Sananda, wie er drüben genannt wird, zur Marianne sagt: Nur weil du die Weiblichkeit des Vater angenommen hast konnte ich Sohn sein, so taucht die Frage auf: Wer interpretiert die Männlichkeit des Vaters?
Mit dieser Frage begann das Gespräch zwischen dem Vater und mir. Marianne war wie immer seine Dolmetscherin und Überbringer der Botschaft. Nur, und das war heute etwas anders, ich bekam die Gedanken um meine Fragen und brauchte diese Gedanken nur noch in die Sätze einer eigenen Beantwortung kleiden. D.h. ich entwickelte meine Antwort aus den Gedanken die sich in meinem Kopf formten. Ich erzählte Marianne genau das was ich gerade dachte, und sie konnte mir diese Gedanken bestätigen oder ergänzen.

Wenn es also eine weibliche Seite des Vaters gibt, dann muss es auch eine männliche Seite geben und wie sieht es dann mit der sogenannten Dreieinigkeit aus und wie ist sie beschaffen?

Die Weiblichkeit ist nicht nur ein Name oder ein Bekenntnis sondern es ist die Annahme eines Bekenntnisses, u.a. auch der Wunsch, die Weiblichkeit in eine Vollendung zu bringen, die dann in einer bedingungslosen Liebe endet.

Die Männlichkeit bedeutet Kraft und Ehrgeiz, aber auch die Toleranz einander gelten zu lassen.

Nach Vollendung seiner Idee, neue Energie zu schaffen und dann zu beobachten was daraus wird, begann diese Energie Leben zu entwickeln. Dieses Leben nimmt Gestalt an und entwickelt sich. Es entstand eine Polarisierung in der Form, dass die Energiemengen, die nicht zueinander gehören wollten, sich trennten und ebenfalls eine Gruppe bildeten. Es entstanden die ersten zwei großen Energiegruppen.
Von diesem Zeitpunkt an, begann sich das Energiefeld stetig, jedoch getrennt weiter zu entwickeln. Es entstanden immer wieder neue Energiegruppen mit immer mehr und neuen Ideen. Diese ersten Energiegruppen waren in der Lage wieder neue Energien zu erschaffen die dann wiederum ihren eigenen Weg gehen konnten.
Ein Teil des Ergebnisses ist das, was wir heute sehen. Eine Welt die mit nichts zu vergleichen ist. Eine Welt, aus der Sicht eines Nichtwissenden betrachtet, müsste den Glauben an einen Allmächtigen ganz automatisch hervorbringen.
Dass es ihn gibt steht außer Frage, dass wir ihn suchen ist auch bekannt. Wohl dem Menschen der ihn gefunden hat.

Zur Dreieinigkeit kann man folgendes bedenken. Soweit ich die Geschichte kenne ist die Dreieinigkeit aus der Meinung entstanden, dass Jesus Christus, seinen Taten zu folgen, nur ein Gott sein konnte. Die Menschen in der damaligen Zeit wollten und konnten keinen anderen Schluss aus seinem Dasein ziehen. Die neue Schilderung, wie ich sie erfahren habe, besagt etwas anderes. Sie weist auf eine große Eigenverantwortung und Selbständigkeit hin. Alles was sich in der Energie zugetragen hat, die gesamte Entwicklung, besteht aus Mut, Einfallsreichtum und den

Willen freiwillig etwas zu übernehmen und es dann bis zum Ende durchzuziehen. Alle diese großen treibenden Kräfte sind heute noch am Werk, Gott, Spirit, Maria und ihr Sohn Sananda.

Ich konnte nur durch dich zur Welt kommen, weil du der weibliche Teil des Vaters bist und nur so konnte ich Sohn sein.

Maria hat das Licht wie ein Embryo in sich getragen, es wurde als Jesus Christus geboren.

Maria: Heute wie vor 2000 Jahren unter den gleichen Bedingungen das erste Mal wieder komplett. Alle elf Seelenanteile gehören zur Maria.

Schambala

Einladung durch den Vater an uns.

Es ist ein göttlicher Ort auf den höchsten Gipfeln des Himalaya Gebirges.

Marianne bekam ein Bild zu sehen und beschrieb es mir.
Sie sah eine Waage, ähnlich der Waage die die Figur der Justitia in der Hand hält.

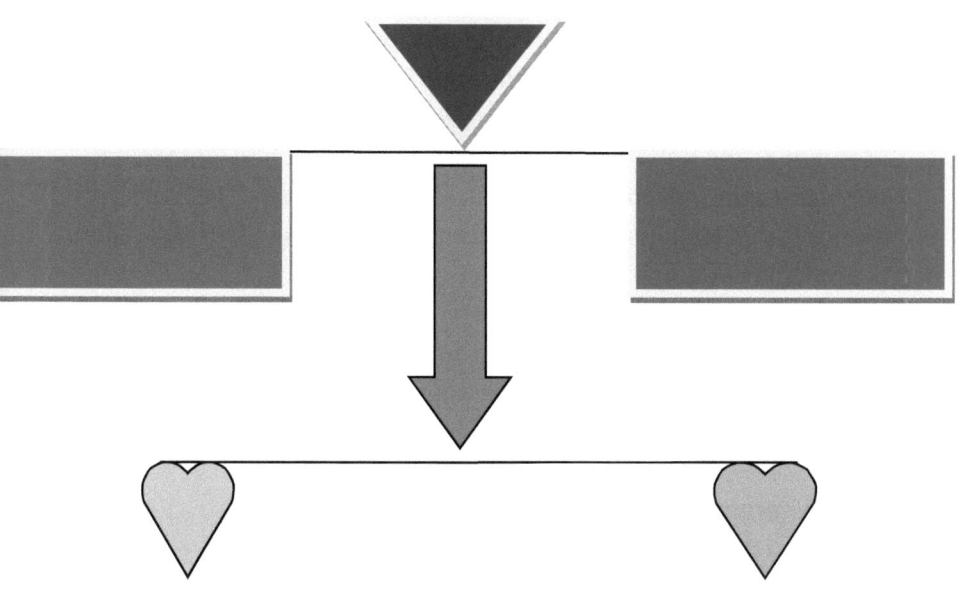

Das Dreieck in der Mitte ist der Vater, violett, er hält die Waage. Die Farbe Blau stellt den männlichen und Rot den weiblichen Teil dar. Der Pfeil in der Mitte ist die Christusenergie, grün, geboren aus dem männlichen und dem weiblichen Teil des Vaters.
Diese Christusenergie ist eine gedankliche Energie. Eine Energie die erarbeitet, erlitten und erkämpft werden darf.
Das blaue Herz stellt den liebenden Diener dar in der Person des Jesus und das rote Herz ist die Darstellung der liebenden Dienerin in der Person der Maria Magdalena. Beide Personen stehen für die bedingungslose Liebe in dieser Welt.

Christus ist die Verkörperung der männlichen Seite des Vaters. Maria verkörpert die weibliche Seite.

Ich bin der Gesalbte weil ich dazu auserwählt war das Wort und die Liebe zu bringen.

Ich, Sananda, Jesus der Christus, und meine Mutter Maria, wir dienen den Menschen und dem Vater, d.h. wir verwirklichen den Wunsch des Vaters allen nahe zu sein.

Man kann uns nahe sein, man kann den Menschen untereinander nahe sein und man kann dem Vater nahe sein. Die Vollkommenheit der Nähe ist das gleichzeitige Zusammensein von allen drei Möglichkeiten.

Die Liebe ist auf dem Erdball so vernetzt wie die Längen.- und Breitengrade. Gebracht wurde diese besondere Liebe durch Christus und Maria Magdalena.

Die Weiterentwicklung erfolgt durch uns Menschen.

Jeder geknüpfte Knoten, in dieser Vernetzung, wirkt wie ein Luftballon, er erhebt sich und zeigt sich der Welt.

Der Aufstieg der Erde erfolgt durch Weiterentwicklung der Liebe. Die Nichtliebe fördert die Liebe bis der Aufstieg durchgeführt ist. Wer nach dem Aufstieg noch in der Nichtliebe bleiben will darf sich auf einem weiteren erdähnlichen Planeten um sein Seelenheil bemühen.

Unsere Erde, der blaue Planet, ist wie das Auge des Vaters.

Das Treffen beim Vater fand folgendermaßen statt:
Marianne sieht die ganze Gesprächsrunde im Kreise sitzen. Bevor sie mir alles schildert, beschreibe ich ihr was ich an Gedanken bekommen habe. Ich sehe keine Runde Gemeinschaft, sondern bekomme ein bestimmtes Bild vom Vater und vom Spirit. Für mich sind es zwei Energiewesen, die aus reiner Energie be-

stehen und fast menschliche Formen angenommen haben. Eine Energie die in sich dauernd in Bewegung ist.

Für Marianne bestand diese Energie aus Licht. Für sie waren es zwei Lichtwesen, jeder für sich. Zusätzlich waren Maria und Sananda bei uns. Auch unsere Körper waren in einer Lichtform vertreten, obwohl wir gleichzeitig bei uns im Haus am Tisch saßen.

Meine Fragen oder meine Gedanken beschäftigten sich in den letzten Tagen immer wieder mit der menschlichen Entwicklung. Denn der Darwin'schen Lehre, von der Entwicklung des Menschen über die Tiere, habe ich noch nie Glauben schenken können. Da meine Gedanken dem Vater bekannt waren, brauchte ich nicht noch einmal die Fragen zu stellen, sondern musste sie nur noch präzisieren.

Folgende Antwort kam durch Marianne:
Tiere und Pflanzen haben ihren eigenen Bereich den sie ausfüllen.

Wir, die Menschen haben uns vollkommen separat entwickelt.

Nur weil die Tiere oder einige von ihnen, uns ähnlich sind, gehören sie noch lange nicht zu uns. Tiere kennen nur den Augenblick. Von der Vergangenheit, der Zukunft oder vom Ursprung wissen sie nichts. Ihre Gefühlswelt hängt von der Art der Tiergattung ab.

Am Ende des Treffens mit dem Vater in Schambala sitzen wir noch eine Weile zusammen, um seine Gegenwart zu genießen. Bevor wir gehen bedankt er sich bei uns für die schnelle Bereitschaft zu diesem Gespräch und dem Kommen.

Etwas später machte ich Marianne noch auf einen kleinen Unterschied aufmerksam der bei dieser Unterhaltung anders war als sonst. Bisher baten wir immer um eine Unterredung. Dieses Mal war es umgekehrt, jetzt bat uns der Vater um dieses Gespräch.

Die Energieentwicklung ist für alle gleich

Jedes Teil, was für uns sichtbar ist, stammt aus der gleichen Energie. Sie ist nur anders verdichtet.
Jedes Energiewesen hat sich im Laufe der Zeit für einen bestimmten Weg entschieden. Durch diese Entscheidungen sind die einzelnen Entwicklungsbereiche entstanden. Daher auch die getrennte Entwicklung von Tier und Mensch.

Jeder weiterbildende Planet vermittelt immer nur ein bestimmtes Programm wie z.B. die Technik, die Entwicklung der Persönlichkeit oder auch die Liebe in den einzelnen Entwicklungsstadien.
Asta-Sheran ist ein Energiewesen, das auf einem anderen Planeten seine Entwicklung erlebt hat. Er gehört zu den Wesen die sich für die Technik entschieden haben und ist heute Chef einer Raumflotte die ständig um die Erde kreist. Ihre Welt spielt sich in einer anderen Energiedichte ab und kann daher nicht von uns gesehen werden.

Alle Wesen, die einmal auf der Erde gewohnt haben, sind in der Liebe weiterentwickelte Wesen, denn die allumfassende Weitergabe der Liebe kann nur bei uns gelernt werden.

Unsere Erde, bzw. wir, auf dieser Erde, haben uns in erster Linie für das Kennenlernen der Gefühle entschieden. Wir wollten ganz genau wissen mit welchen Gefühlen wir es überhaupt zu tun haben könnten. Viele Gefühle kannten wir bereits, aber immer unter einem bestimmten Aspekt, einer bestimmten Entwicklung. Die Gefühlsentwicklung auf dieser Erde sollte unabhängig von irgendwelchen Aspekten, vollkommen auf uns selbst gestellt, verlaufen.

Als wir diese Erde entwickelt hatten, stellten wir, die Energiewesen, bestimmte Bedingungen unter denen wir auf die Erde kommen wollten. Dieser Besiedlungszeitpunkt der Erde war gekommen, als wir feststellten, dass die Entwicklung der Tierwelt gut vorangeschritten war und wir es wagen konnten die Erde ebenfalls zu besiedeln.

Da wir mit Gefühlen experimentieren wollten, mussten auch die Voraussetzungen dafür geschaffen werden. Es war und ist auch heute noch kein Problem für uns Energiewesen, die Voraussetzungen für dieses Leben so zu gestalten, dass wir immer unser Ziel, und zwar das Ziel eines jeden einzelnen, erreichen.

Eine der Grundbedingungen bei der Besiedelung war das Nichtwissen. Wir durften nichts von unserem Wissen mitnehmen. Weder technisches noch gefühlsmäßiges Wissen. Alles musste neu erworben werden.

Um die Entwicklung aber im Laufe der Zeit voranzutreiben kamen immer wieder einige neue Ideen, von unseren Brüdern auf der anderen Seite, bei uns an. Wie in der damaligen Zeit so auch heute, ist es immer das Gleiche. Die Ideen werden über die Gedanken derer weitergegeben die sich im Augenblick für etwas

Bestimmtes interessieren und jeder andere kann diese Idee glauben oder auch nicht. Es bleibt ihm überlassen.

So ist es auch mit dem Inhalt dieses Buches. Jeder Mensch hat die Möglichkeit, was ich geschrieben habe, zu glauben oder auch nicht oder sogar anzuzweifeln. Es bleibt immer in seiner Macht sich zu entscheiden. Es bleibt trotzdem die Wahrheit und wenn es nur meine Wahrheit ist.

Die jetzt neu geborenen Kinder dieser Welt bekommen andere Werkzeuge oder auch ein anderes Wissen mit auf den Weg. Je nach Umfeld können die Kinder dieses neue Wissen verwenden, scheitern können sie auch mit den neuen Werkzeugen.

Die Werkzeuge sind in der letzten Zeit immer hilfreicher geworden. Das sagt aber überhaupt nichts darüber aus, ob wir sie auch verstanden haben. Selbst wenn wir sie verstehen würden, so ist es dennoch fraglich ob wir sie auch nutzen würden. Je nach Umfeld, Alter und Veranlagung haben wir immer Probleme uns dem Neuen zu öffnen.

Wir sind der Inbegriff des Vaters

Jeder Mensch hat so seine Träume die er erfüllen möchte. Auch Gott, der Vater aller Dinge, hat Träume die er in Erfüllung gehen sehen möchte. Einer seiner Träume sind wir. Ja, richtig gedacht, wir Menschen sind so ein Traum. Wobei ich alle Wesen, auf welchen Planeten auch immer, einschließlich dieser Erde und die Wesen in reiner Energieform, um uns herum, zu den Menschen zähle.

Es war von Anfang an ein Traum des Vaters, dass der Mensch seinen höchsten Ansprüchen entsprechen sollte. Natürlich wusste er nicht was aus seiner, einmal erschaffenen, Energie alles werden könnte. Denn in die Zukunft kann auch unser lieber Herrgott nicht sehen. Eine gewisse Rahmenentwicklung kann er besser vorausschauen als wir, aber jeden einzelnen Entwicklungszug vorauszusagen, ist auch für ihn nicht möglich.

Träume, in der Form einer Vorstellung, sind veränderlich. Sie lassen sich immer wieder neu gestalten. Da es in der Energiewelt keine Zeitspannen gibt, ist auch die Entwicklung der Menschen zeitlos. Wir sind einfach vorhanden und können unseren Ideen und den daraus folgenden Möglichkeiten freien Lauf lassen. So wie wir diese Erde entwickelt haben so hat sich auch alles andere, durch uns und seiner heimlichen Führung, weiter entwickelt.

So wie wir auf dieser Erde die Liebe lernen wollen, so hat jeder andere Planet seine eigene Aufgabe.
Das Lernen der Liebe setzt vieles voraus. Genauer gesagt, alles was wir Menschen auf dieser Erde erlebt und getan haben, war die Voraussetzung zu einer Liebesbeziehung. Je weiter wir uns entwickeln, auf dieser Welt, desto mehr werden wir auch die Liebe weiterentwickeln.
Noch ist es uns nicht bewusst, dass die Liebe auch ein Handwerkzeug ist. Wir wissen von der Liebe nur die persönliche Seite, und diese Erfahrung ist als ausgesprochen gut zu bezeichnen. Eigenartig ist auch, dass wir diese Art von Liebe nicht lernen müssen. Sie ist in uns. Weil sie aber in uns verankert ist, nehmen wir sie nicht als etwas Besonderes wahr, sondern als eine Eigenschaft unter allen anderen. Die Vergangenheit hat uns so viele Möglichkeiten aufgezeigt die wir aus eigener Kraft erschaffen haben, sodass wir uns bis heute noch nicht von dieser Faszinati-

on trennen können. Prinzipiell haben wir noch nicht einmal die Zeit gehabt uns mit der Liebe zu befassen. Sie ist schon etwas Besonderes, die Liebe.

Die in uns wohnende Kraft

Wer kennt nicht den Gedanken: Wenn man will, kann man alles erreichen. Dieser Satz ist der Schlüssel für die Kraft durch die wir alles erreichen können. Mit dieser Kraft ist die Liebe gemeint. Denn jede Aufgabe, die ich mir in der Liebe stelle, wird mir gelingen. Mein ganzes Denken, das in der Liebe den Höhepunkt erfährt, ist immer darauf ausgerichtet, mir und jedem Anderen, nur Gutes zu erweisen. Die Energie, die wir durch ein friedliches Miteinander freisetzen, hat immer die Möglichkeit, jeden anderen Mitmenschen in ihren Bann zu ziehen. Ein friedliches Miteinander ist dann das Ergebnis für einen größeren Frieden.

Die Liebe als innere Kraft bringt den Willen zum Miteinander.

Uns ist gegeben, alle Macht, im Himmel wie auf Erden

Wer kann diesen Satz in all seiner Tragweite verstehen? Spontan könnte jeder Mensch diesen Satz, mit seinem eigenen Machtspiel zwischen anderen Mitmenschen, verwechseln. Es ist fast eine Selbstverständlichkeit wenn er sein Verständnis von der Macht, die ihren Ursprung in der Gewalt hat, auch so verstehen und ausnutzen würde. Denn nichts anderes haben wir in der Vergangenheit gelernt. Unser ganzes, weltweites Wirtschaftssystem ist auf die Macht der Gewalt aufgebaut. Wirtschaftlich gesehen bedeutet Macht nur der Besitz von genügend Geld. Denn je mehr Geld ich habe umso mehr Macht kann ich in der Welt ausüben.

Doch diese Macht hat nichts mit Gewalt sondern nur mit Liebe zu tun, auch nicht mit der Gewalt in der Liebe.

Wir haben auf der ganzen Welt immer noch eine zweigeteilte Gesellschaft. Auf der einen Seite die Männer mit allen ihren Privilegien und die Frauen auf der anderen Seite, die diese Machtfülle immer wieder neu zu spüren bekommen. Aus der Vergangenheit wissen wir wohin diese Machtspiele führen. Geändert hat sich bis heute nicht viel oder täusche ich mich in dieser Hinsicht?

Was die Partnerschaft betrifft, so möchte ich beinahe fragen, was eine Partnerschaft ist und wie man sich darin verhält.

Für mich ist eine Partnerschaft immer etwas Gemeinsames. Was das Wort Partner bereits beinhaltet. Um eine gemeinsame Zeit miteinander als Partner zu verbringen muss ich ihn oder sie kennenlernen. Partner lernen sich aber nur dann kennen, wenn sie ehrlich miteinander umgehen und sich gegenseitig ihre Wünsche äußern. Ich sage meinem Partner was ich gerne möchte und wie mir etwas gefällt. Auch meine Vergangenheit sollte ihm nicht verborgen bleiben. Wenn man nicht alles sagen kann oder möchte, so kann man es auch mit Gefühlen ausdrücken.
Zusammengefasst ist eine Partnerschaft immer ein intensives Miteinander, an das man nicht nur zu Beginn denken muss, sondern immer, solange es diese Partnerschaft gibt.

Da jeder Mensch immer alleine für sein Leben verantwortlich ist, entscheidet er auch selbst, was für ihn wichtig ist. Folglich ist eine Partnerschaft immer eine Entscheidungsfrage.

Ich sagte in einem anderen Kapitel, dass wir auf der Erde alle Gefühle, zu denen wir fähig sind, kennenlernen wollen. Dazu gehört auch das Spiel mit der Macht, denn Macht ist auch ein Gefühl. Gewalt erzeugt wieder Gewalt, Macht erzeugt ebenfalls wieder Macht, denn sie kommt aus der Gewalt.
Man muss nicht unbedingt die Macht der Gewalt nach außen tragen. Dieses Machtspiel ist in allen von uns schon so in Fleisch und Blut übergegangen, dass wir nicht merken wie wir damit spielen. Einem Familienvater, dessen Hobby das Schießen in einem Schützenverein ist, wird kaum bewusst, dass er damit auch die Gewalt verherrlicht. Seine Vorbildfunktion, bewusst oder unbewusst, wird immer irgendwo aufgenommen und bei passender oder unpassender Gelegenheit, aus den Tiefen der Gedanken hervorgeholt und benutzt.
Jeder Mensch ist das Vorbild eines jeden, sodass sich ein liebevolles Verhalten immer angenehmer zeigt als ein Verhalten in der Gewalt.
Wenn ich in diesem Falle von Familien spreche so meine ich auch immer die Kinder in diesen Familien. Sie lernen durch uns sehr früh dieses Spiel mit der Macht.

Mit dieser Beschreibung ist die Überschrift dieses Kapitels noch nicht ausreichend beschrieben. Im Himmel herrscht die Macht der Liebe. Jede einzelne Seele lebt dort in der Liebe und sie ist die Liebe.

„Uns ist gegeben" heißt es, also haben wir es. Da es sich hierbei um die Macht der Liebe handelt müsste diese Macht auch in dieser Dimensionen vertretbar sein ja sogar sichtbar. Ist es so? Für meine Begriffe sind wir noch sehr, sehr weit davon entfernt.

Was ist Liebe? Welche Liebe ist überhaupt gemeint? Gibt es verschiedene Arten von Liebe?
Alleine an diesen Fragen kann man erkennen, dass das Thema Liebe recht umfangreich ist.
Ich möchte mal bei mir anfangen. Habe ich denn die Liebe kennen gelernt? Oder hat mir überhaupt jemand die Liebe erklärt? Mir fällt niemand ein der mir wörtlich die Liebe erklärt hätte. Aus meiner Vergangenheit kann ich nur sagen, dass mir vieles gefallen hat und vieles auch nicht. Alle Gegebenheiten, die mir gefallen haben, könnte ich als Taten der Liebe bezeichnen. Was mir jedoch nicht gefallen hat, müsste ich demnach als Taten der Nicht-Liebe bezeichnen. Denn wenn ich jetzt von bösen oder guten Taten schreiben würde, so wäre es ein Urteilen, ein Urteil würde im selben Augenblick auch ein Verurteilen nach sich ziehen und genau dieses will ich nicht.

Vom Prinzip her, müsste die Liebe ein Gefühl sein. Ein Gefühl, das mich jedes Mal überkommt, wenn ich mich wohl fühle. Auch hier muss ich aufpassen, dass ich nicht mit Gut oder Schlecht antworte, sonst würde ich wieder urteilen.
Liebe ist also ein Gefühl, das ich in mir erfahren haben muss. Ich muss es an mir und in mir kennen gelernt haben. Dieses Gefühl muss ich in mir verinnerlicht haben und es muss sich selbst in mir wohl fühlen. Das heißt, ich muss es haben wollen. Ich selbst kann von diesem Gefühl nie genug bekommen. Mein Suchen nach diesem Gefühl hört praktisch niemals auf.
Bei alle dem, was ich hier geschildert habe, taucht immer wieder ein neuer Gedanke auf. Wer hat noch ein solches Gefühl kennen gelernt? Wir sind doch, von außen betrachtet, alle gleich aufge-

wachsen, also müssten wir doch alle die gleichen Gefühle kennen gelernt haben? Das stimmt aber so nicht. Wir sind zwar alles Menschen, aber die Voraussetzungen sind für jeden anders. Allein die Wahl der Eltern mit ihren verschiedenen Charaktereigenschaften bewirkt immer wieder eine neue Kindeseigenschaft. Hinzu kommen noch die verschiedensten Lebensumstände die ein Leben immer wieder neu beeinflussen.

Meine Gedanken gehen bis in die früheste Kindheit zurück und was mir heute dabei auffällt ist die Sprachlosigkeit in der Kindheit. Wir haben uns über alles unterhalten mit den Eltern nur nicht über unsere Gefühle. Ich glaube, wir wussten nur, dass wir Gefühle haben, aber nicht, dass man darüber sprechen kann. In den frühen Jugendjahren weiß man nur was man will oder nicht will, oder was man darf und was man nicht darf.
Vielleicht liegt es auch daran, dass man uns nicht nach unseren Gefühlen gefragt hat. Oder, dass auch unsere Eltern sich ihrer Gefühle nicht sicher waren, sich vielleicht ihrer Gefühle schämten und sie deshalb nichts preisgeben wollten. Ich weiß es nicht.
Mir fällt gerade noch etwas auf, aus dieser Zeit. Die Suche nach diesem Wohlgefühl, nach diesem Gefühl der Liebe. Ich war praktisch immer auf der Suche nach diesem Gefühl. Bringen wir dieses Gefühl vielleicht mit in diese Welt als Erinnerung an einen paradiesischen Zustand, den wir auf dieser Erde ebenfalls erreichen wollen?
Das Zugehörigkeitsgefühl und die Geborgenheit war öfters vorhanden, aber dieses absolute Wohlgefühl, dieses absolute Zufriedensein, dieses „keinen Wunsch mehr haben" dieses „nur da sein zu dürfen" diese „wunschlose Glücklichkeit" habe ich immer gesucht.

Heute, nach über sechzig Jahren, weiß ich, dass es ein langer Weg bis zum Glück ist. Ein erworbener Weg des Wohlgefühls, ein Weg auf dem man viel ausprobiert und erfahren hat. Einen Weg für den sich jeder entscheiden muss, damit er alles das erfahren kann was er sich vorgenommen hat. Nur, um am Ende seines jetzigen Lebens sagen zu können, ich habe dieses Wohlgefühl endlich gefunden.

Niemand kann sagen, ob er sich auf dem richtigen Weg befindet. Aber jeder kann sagen, ich will diesen Weg gehen, den ich mir ausgesucht habe, und wenn man merkt, dass es nicht der richtige Weg ist, so hat jeder die Möglichkeit es zu ändern.

Die Kraft sich zu entscheiden, unabhängig von dem was der Andere dazu meint, hat jeder mit auf den Weg bekommen, nur dass man sich dessen nicht bewusst ist. Alles was wir uns vornehmen, ist uns zum Gelingen in die Wiege gelegt. Unsere Sehnsucht führt uns immer in die Richtung in die uns unsere Seele haben möchte.

Liebe ist also ein Gefühl. Was mache ich mit diesem Gefühl? Kann ich es weitergeben oder muss ich es für mich behalten?

Wenn wir kleine Kinder beobachten, so merken wir recht schnell, dass sie uns immer etwas mitteilen wollen, und zwar immer gerade das, was sie selbst im Augenblick gelernt haben. Nimmt man die Kinder ernst und hört sie an, so danken sie es uns mit ihrer Liebe und Zuneigung. Sie werden immer wieder neu zu uns kommen. Sie haben Vertrauen und freuen sich auf ein Wiedersehen. Sind sie aber schon mal enttäuscht oder des Öfteren nicht ernst genommen worden, so werden sie nicht mehr zu uns kommen oder nur widerwillig. Ihre Gefühle der Offenheit und der Liebe sind verletzt, auch wenn sie es uns nicht sagen können wie wir sie verletzt haben. Sie sind verletzt!

Meine Frage, ob ich Gefühle weiter geben kann oder nicht, ist wahrscheinlich damit beantwortet.

Viele Eltern fragen sich warum ihre Kinder nicht offen sind? Warum sie Geheimnisse haben und denken nicht an die Vergangenheit. Der gleiche Satz gilt auch in der Partnerschaft. Die Vergangenheit wird so schnell vergessen, dass man erst dann in die Probleme hineinstolpert wenn schon fast alles zu spät ist. Zumindest fällt es einem erst dann auf, wenn man in seinem Kummer darüber nachdenkt. Vielleicht findet man sogar die Gründe dafür.

In Liebe denken ist ein Teil des Geheimnisses in einem Zusammenleben von zwei Menschen. Dabei spielt es überhaupt keine Rolle wie alt der Mensch in meiner Gesellschaft ist. Es ist auch unerheblich in welchem Verhältnis ich zum anderen stehe.

In Liebe denken sollte in allen Lebenslagen und in allen Gesprächen im Vordergrund stehen.

Nehmen wir einmal an, wir haben uns zu dieser Denkweise durchgerungen. Ja, wir sind sogar begeistert von einer solchen Idee. Folglich kommt sofort die Experimentierphase. Jeden Menschen werden wir mit Liebe begegnen und mit Liebe behandeln. Das heißt, aus einem „in Liebe denken" wird ganz automatisch ein „in Liebe handeln". Wir haben keine andere Möglichkeit, wir müssen auch in Liebe handeln, denn wir wären nicht zufrieden, wenn wir jetzt wieder anders denken und handeln würden.

Noch ein Punkt wird uns in der Experimentierphase auffallen. Wir müssen plötzlich ehrlich sein miteinander. Wir können nicht mehr sagen: „Der Andere weiß es ja nicht so genau und er muss es auch nicht wissen". Im selben Augenblick, indem wir so denken, meldet sich unser Gewissen. Unsere eigenen Gedanken erinnern uns an unseren Vorsatz: Du wolltest doch in Liebe denken!

Die Liebe erwartet die Wahrheit und die kann ich in liebenden Worten jedem Menschen sagen.

Im Übrigen ist dieses Spiel mit der Liebe und der Nicht-Liebe jeden Tag und in allen Lebenslagen zu beobachten.

Das war für meine Begriffe die Beschreibung von der Macht und der Liebe auf dieser Welt die uns gegeben ist. Was hat aber der zweite Teil des Satzes zu bedeuten?

„Im Himmel wie auf Erden" heißt dann aber auch wörtlich „Im Himmel wie auf Erden". Also könnte ich sagen, dass der Himmel und die Erde miteinander verbunden sind und wir die Liebe von dort und hier gleichermaßen benutzen können. Genau genommen gibt es keine Trennung von einander.

Viele Leser würden jetzt sagen: Ich fühle keinen Zusammenhang von drüben und hier, ich fühle mich einsam, verlassen und ohne Liebe. Diese Gefühle sind immer richtig, man kann sie aber auch ändern.

Wer die Liebe im Innern sucht der findet sie anschließend auch im Außen. Wer den Willen dazu aufbringen kann für diese Liebe im Innern den Vater im Himmel bitten, er bekommt genau die Hilfe die er dafür braucht. Das kann ein guter Gedanke sein, ein anderer Mensch der einem einen Tipp gibt für ein schönes Buch oder ein neuer Partner mit den passenden Kenntnissen. Alles ist möglich und nichts ist ausgeschlossen.

Das Tor zur großen allumfassenden Liebe ist offen, aber der Weg dorthin ist lang, es bedarf vieler Entscheidungen.

Wer diese Liebe gefunden hat wird sich wundern was geschehen ist. Er fühlt sich wohl und sicher. Keine Einsamkeit bedrängt ihn, denn er weiß, dass sich in seiner Welt alles um sich und die Liebe dreht. Er fühlt sich wohl in diesen Gedanken und erkennt die Großzügigkeit des Vaters, aber auch seine neue Aufgabe in diesem einmaligen Weltbild. Er wird aber auch feststellen, dass dieses Bild nur zu ihm gehört und jeder Mensch ein anderes haben kann.

Energiearbeit

Alles besteht aus irgendeiner Energie. Diese Energie ist für uns nicht sichtbar. Außerhalb dieser messbaren Energie gibt es noch genügend andere Energien. Sie sind noch nicht messbar und daher auch nicht für jeden glaubwürdig. Diese Glaubwürdigkeit ist auch das eigentliche Geheimnis der gesamten Energiearbeit.
Jede Heilung, die von einem Heiler angeregt wird, ist eine Energiearbeit. Wer an sie glaubt, an dem kann sie auch wirken.

Mariannes Energiearbeit war nicht immer möglich. Sie hat diese Arbeit langsam lernen dürfen. Viele Möglichkeiten wurden ihr im Laufe der Zeit gezeigt wie ein gebremster Energiefluss wieder in seine richtige Bahn gelenkt werden kann.
Das alleine ist aber nicht das eigentliche Problem. Es wäre auch zu einfach, wenn man nur kommen könnte, seine Energiebahnen ordnen lassen, um dann sein Leben so weiter zu führen wie bisher. So geht es nicht.
Die Energiebahnen im Körper eines Menschen sind durch seine Denkweisen beeinflussbar. Wir denken das, was die Umwelt uns gelehrt hat. Es ist dabei gleichgültig durch wen wir etwas lernen. Nur unsere Seele weiß was wir vertragen und was uns in unserem Lernprozess weiter voran bringt. Alles was uns an diesem

Prozess hindert unterbricht den Kreislauf der Energiebahnen. Es kommt zu Blockaden. Diese Blockaden wiederum lösen einen Störfall im Organismus aus und das ist für uns dann eine Krankheit. Welche Denkweise, und die darauf folgende Tat dann welche Krankheit auslöst, ist im Augenblick nicht von Bedeutung. Von großer Bedeutung ist nur, dass es sich bei einer solchen Tat immer um eine Tat der Nichtliebe handelt. Eine Tat in der Liebe ausgeführt fördert jedoch den Energiefluss ungemein.

Energieblockaden werden nicht nur in der Jetztzeit, durch unser Denken, gebildet. Sie kommen auch aus der Vergangenheit. Die Seele bringt uns bei bestimmten Ereignissen, die gleichlaufend mit der Vergangenheit sind, zum Ansehen an die Oberfläche. Als Beispiel kann man die Verspannung im Genick nehmen. Die Muskulatur der verspannten Schultern strahlt bis ins Genick hinauf. Diese Verspannung kann auch auf ein altes Ereignis, aus irgendeinem vergangenen Leben, hinweisen, in dem man vielleicht enthauptet oder gehängt wurde. Das muss natürlich nicht immer und bei jedem der Fall sein, aber es kann.
Taten der Liebe oder Nichtliebe zählen nicht nur im Umgang mit unseren Mitmenschen sondern auch im Umgang mit uns selbst. Jede Unterbrechung dieser Energiebahnen verursachen wir immer selbst, sei es durch Entscheidungen die wir nicht wollten, durch geduldete Unwahrheiten, vor allen Dingen dann, wenn wir unsere Machtpositionen mit allen Mitteln weiter ausbauen wollen.
Jeder von uns hat solche oder ähnliche Taten, zumindest schon einmal im Kopf, durchgespielt. Aber auch die Ausführung solcher Gedanken ist nicht verwerflich. Sie werden alle in unserem Kausalkörper gespeichert. Dieser Körper ist ein Teil unserer Seele und für die Erinnerung zuständig.

Sicher können Sie, liebe Leser, mich jetzt besser verstehen als vorhin, wo ich sagte, dass das Einlenken der Energiebahn, durch einen Heiler alleine, keine Heilung bewirken kann. Jeder Mensch muss und kann seine Heilung selbstständig und eigenverantwortlich durchführen. Unsere Hilfe ist nur der Beginn einer neuen Zeit, die Sie selbst bestimmen.

Die ganze Energiearbeit, Ihr Leben auf dieser Welt, mit allen Erfahrungen, hat nur einen Sinn, nämlich den Weg zur Liebe und in das Licht zu finden.

Wir kommen aus dem Licht und kehren wieder zurück in das Licht.

Kollektivdenken und Krankheiten

Kollektivdenken oder Gruppendenken, beide Wörter, beinhalten das Gleiche. Eine Gruppe von Menschen hat ein Programm und vertritt dieses dann auch in der Öffentlichkeit. Alle Religionen und Parteien gehören in diesen Kreis, aber auch Firmen. Es ist dabei gleichgültig wie lange der Zeitraum der Meinungsbildung gedauert hat. Nur das Ergebnis zählt.
Was allen Gruppen, Parteien und seit neuesten Beobachtungen auch in der Verbraucherindustrie, eigen ist, ist die bewusste Steuerung der Massen durch einseitige Information. Es werden im Großen und Ganzen nur die Vorteile hervorgehoben und die Nachteile verschwiegen.
Durch den dauernden Machtkampf, innerhalb der Gruppen, der Beste zu sein, gibt es auch keine Zusammenarbeit mit anderen Gleichgesinnten oder ähnlichen Gruppen. Haben sich erst einmal

genügend Führungspersonen in einer Gruppe zusammengefunden, so wollen sie ihre einmal errungene Machtstellung nicht mehr abgeben. Sie verharren in ihren Positionen und lassen nicht einmal eine Änderung zu. Was ich auch noch festgestellt habe, ist das Verhältnis zwischen der großen Masse und dem Führungspersonal. Selbst wenn in der Masse zu einigen Punkten ihres Programmes eine andere Meinung vorherrschend ist, so wird aus reinem Kalkül heraus nicht von der Position abgewichen.

Ein anderes Kollektivdenken ist das unbewusste Denken von Gruppen. Es ist das meinungsbildende Gespräch der einzelnen Menschen über jeden und alles. Ob es sich um bewusste oder unbewusste Falschmeldungen handelt, die dann im Gruppendenken eine bestimmte Beurteilung hervorrufen oder aus reinem Nichtwissen heraus, ist egal. Auch dann, wenn aus einem Teilwissen eine Gruppe in irgendeine Richtung hinein manövriert wird, sind die Ergebnisse immer gleich. Alles bringt ein Kollektivdenken hervor. All diese Denkweisen kommen aus der Macht der Gewalt heraus, die wir in den letzten tausend Jahren gut gelernt haben.

Wenn man Umfragen nach Frieden und Freiheit durchführt so weiß man, dass jeder Mensch für Frieden und Freiheit ist. Doch wer fragt gleichzeitig was Frieden und Freiheit für den Einzelnen bedeutet? Gepredigt und versprochen wird immer der Frieden, aber gehandelt wird immer nach dem Kriegsrecht, denn jede fremde Meinung, die der andere hat, wird mit Gewalt, oft mit versteckter Gewalt, wieder zu seiner eigenen gemacht.

Diese Art von Meinungsbildung wird von allen Führungsebenen nach unten vertreten. Bewusst oder Unbewusst ist sie an der Tagesordnung. Jeder nimmt es hin. Es war schon immer so.

Ich habe immer nur dann eine Änderung des Kollektivdenkens festgestellt wenn die Masse der Bevölkerung, z.b. in einem Staat mit Diktatur, sich gegen die Führungsschicht auflehnt. Die Steuerung eines Volkes durch die Führungskräfte ist dann wirkungslos. Um aber das neue Denken durchzusetzen wird wieder Gewalt gebraucht, denn freiwillig gibt niemand seine Macht auf.

Das Kollektivdenken von Gewalt kann nur mit einem bewussten Verzicht von Gewalt beendet werden.

Unser ganzes Zusammenleben ist auf Gewalt aufgebaut, ob in den Firmen, den Religionen, dem Staatsgefüge, in den Schulen oder in den Familien. Überall herrscht offene oder versteckte Gewalt.

Wenn Sie, liebe Leser, das alles gelesen haben, brauche ich keine Beweise mehr, wenn ich sage, dass wir Gewalt nicht vertragen können sondern davon nur krank werden.

Aber nicht nur die Gewalt von außen macht uns krank sondern auch die Gewalt in uns. Alle Energieformen, ob die Eigenen oder die Fremden, die nicht die Liebe zum Grundsatz haben, verändern unseren Körper, wenn wir sie nicht erkennen und ablösen.

Bandscheibenschäden entstehen meistens durch Energieblockaden die durch das Tragen von Fremdlasten hervorgerufen werden. Der Spruch:" Er trägt des anderen Last", oder „er muss viel tragen", ist hier wörtlich zu nehmen. Niemand kann einem anderen Menschen die Last des Lebens abnehmen.

Nierenprobleme kommen sehr oft bei Partnerschaftsproblemen vor.
Jedes Problem in der Partnerschaft, jede Verstimmung die nicht beseitigt wird, jedes Angstgefühl, ob von außen oder innen, blockiert den Energiefluss im Körper.
Wer seine Partnerschaft in Liebe und Ehrlichkeit, Offenheit und Gesprächsbereitschaft leben konnte, der kann sich wohl als einen Meister der Zusammenarbeit nennen.

Auch Knieerkrankungen sind oft ein Ausdruck von Stillstand in der Weiterentwicklung einer Persönlichkeit.

Krebserkrankungen entstehen zum Teil durch Blockaden aus der Umwelt in jeglicher Form. Wir können uns nicht gegen die kaputte Umwelt wehren. Sie ist ein Teil unserer Gesellschaft und wird auch vom Kollektivdenken gelenkt. Die Umwelt wird stetig vom Menschen verändert, sei es positiv oder negativ. Doch im Einzelnen entscheidet jeder für sich selbst was er in seinem Leben macht. Da aber das Gesamtdenken der Mehrheit unser eigenes Denken sehr stark beeinflusst, haben wir allerdings nur sehr wenig Spielraum.
Es besteht aber ein großer Unterschied zwischen dem was wir haben wollen und dem was wir brauchen.

Unsere Krankheiten sind nur Beispiele wie Energieblockaden sich auswirken können und die vielleicht so oder ähnlich bereits bei Ihnen ausgebrochen sind. Unsere Entscheidungen ziehen wieder Entscheidungen der Seele nach sich. Sie ist mitverantwortlich für unseren irdischen Weg. Jede Abweichung von diesem Lebensweg in der Gradlinigkeit, also eine vollzogene Entscheidung, die nicht zu unserem Lebensprogramm passt, zieht eine Blockade nach sich. Auch wenn wir uns, bei unbequemen Problemen, nicht entscheiden, haben wir uns doch entschieden, nämlich für das Nichtentscheiden.

Der Schlüssel für all diese Probleme ist die Liebe. Wer in der Liebe denkt und folglich auch in ihr entscheidet, dem geht es sein Leben lang hervorragend. Er lebt im Paradies. Das Paradies, dem wir alle nachtrauern, weil es von den Religionen in den Himmel versetzt wurde, ist hier auf der Erde. Wir müssen es nur wollen.

Erfüllung in Liebe

Die Suche des Lebens

Hoffnung, Sehnsucht, Erwartung, Gestaltung der Zukunft, diese und viele andere Schlagwörter werden immer wieder genannt, wenn man an ein Leben in Frieden denkt. Woran man nicht denkt ist immer die eigene Person. Unser gesamtes Denken ist meist auf andere Personen gerichtet. Die Anderen müssten oder sollten immer für andere da sein. Wer denkt an sich selbst, wenn die Gemeinschaft Engagement und Einsatz fordert?
Gefordert wird auch im privaten Bereich. Wenn die Zeiten der Gemeinsamkeiten, wie Kindererziehung oder die Pflege der Eltern, vorbei sind fällt man oft in ein tiefes Loch. Nichts ist schlimmer in einer Gemeinsamkeit als das Vergessen der eigenen Person. Wer sich selbst im täglichen Leben vergisst, vergisst auch seine Persönlichkeit und damit auch seine Entwicklung. Jeder Mensch hat ein Recht auf die eigene Persönlichkeitsentwicklung.

Wenn ich meinen persönlichen Lebensweg anschaue, so sehe ich, dass ich schon sehr früh gewusst habe, dass ich mit der Veränderung erst einmal bei mir selbst anfangen muss. Meine Zeit vor der spirituellen Entwicklung verlief wie bei jedem anderen Menschen auch. Erst mit dem Beginn meiner spirituellen Zeit begann sich alles zu ändern.

Jede Änderung ging von mir und meinem Willen aus, denn ich wollte diesen Weg gehen. Am Anfang war es nur ein Gefühl, dass dies mein Weg ist. Später wurde es mir von „drüben" bestätigt.

Es war ein langer Weg der Vorbereitungen. Die größte Herausforderung war das Kennenlernen der menschlichen Spezies. Alle Möglichkeiten der Erfahrungen wollte ich auf dieser Erde kennenlernen. In allen meinen Leben auf dieser Welt, es waren ca. 550 Neuanfänge, habe ich immer wieder Herausforderungen gesucht und entsprechende Erfahrungen gemacht.

Natürlich ist es auch für mich nicht möglich, die einzelnen Leben, im Nachhinein noch einmal zu durchleben, um versäumte Erfahrungen nachzuholen. Einige Erlebnisse durfte ich aber nachempfinden. Am Anfang war es unser Freund A., der mir und Marianne die Durchsagen vom Vater, vom Spirit oder von Engeln überbrachte. Später konnte Marianne diese Aufgabe übernehmen. Viele Ereignisse aus der Vergangenheit, die zu meiner heutigen Aufgabe gehören, wurden mir von Marianne beschrieben.

Alle vermeintlichen Verbrechen, die auch heute noch, wie früher, von vielen Menschen begangen werden, habe auch ich hinter mir. Alles habe ich im Laufe meiner vielen Leben durchgemacht. Alles ist im Rahmen der Möglichkeiten geschehen, die für meine Aufgaben vorgesehen waren. Heute und in diesem Leben kann ich aus der Vielfalt der Erfahrung schöpfen. Alle Gefühle, oder sagen wir mal die Wichtigsten, sind wieder vorhanden oder können abgerufen werden. Bei allen Gesprächen, die ich führte, war das eine wichtige Voraussetzung, um mein Gegenüber zu verstehen. Nur wenn ich einen hilfesuchenden Menschen verstehen kann, kann ich ihm auch helfen. In diesem Zusammenhang kann ich jetzt Marianne erwähnen. Sie macht das, was sie bei mir gemacht hat, auch mit anderen Menschen, die uns um Hilfe bitten, sie reinigt den Menschen von der alten Energie. Sie arbeitet mit der Energie des Vaters. Ich kann mit dieser Energie nicht auf die gleiche Weise arbeiten wie sie, sondern ich arbeite mit der Sprache. Unsere Arbeit ergänzt sich. So hatten wir es uns vorgenommen und so setzten wir es auch um.

Und was ist jetzt unsere Aufgabe werden Sie sich fragen? Ich will es mal so beschreiben: Wir möchten jedem Menschen, der zu uns kommt und uns darum bittet, einen neuen Weg für ihn zu finden, helfen. Eine Hilfe manchmal aus der Angst in die Liebe. Wir werden ihm helfen diesen Weg zu gehen und werden ihn auch eine längere Zeit dabei begleiten.
Soviel zur Suche des Lebens von uns selbst. Das heißt natürlich nicht, dass Sie, liebe Leser, nur nach solchen spektakulären Aufgaben suchen müssten. Ihre Aufgaben können viel, viel einfacher sein. Da kann der große Wunsch nur nach Geborgenheit und Liebe und vielleicht noch nach Kindern schon die Erfüllung sein. Manch einer hat eine Sehnsucht nach einer anderen Lebensweise und erkennt nicht, dass das was er hat, schon sein Ziel ist.

Im Prinzip hat jeder Mensch bereits seine Aufgabe gefunden und wächst langsam in sie hinein ohne es bewusst zu wissen. Wenn es einen Unterschied zwischen uns und Ihnen gibt, dann vielleicht nur den, dass wir uns unserer Aufgabe bewusst sind und Sie noch nicht. Wer diesen Wunsch verspürt und mehr wissen will, der kann sich an uns wenden.

Ich weiß natürlich aus Erfahrung, dass die meisten mit ihrem Leben nicht zufrieden sind, so wie es gerade läuft. Die Angst vor einer ungenauen oder unsicheren Zukunft ist bei vielen Menschen einer der größten Hindernisse in der Weiterentwicklung. Dabei kann keinem Menschen etwas passieren. Im äußersten Falle kann man nur sein Leben verlieren und ist dann, in der liebenden Energie des Vaters, gut aufgehoben.

Jeder gleichbleibender, liebender Zustand bedarf eines Glücksgefühls und dieses Gefühl haben bekanntlich nur Kinder und frisch Verliebte. Fast alle anderen Menschen würden an ihrem jetzigen Zustand etwas ändern wollen.
Bei verschiedenen Umfragen im Fernsehen oder in Zeitungen kommen auf ähnliche Fragen, wie nach dem Glück, immer wieder ähnliche Antworten: Liebe, Frieden und Geborgenheit, bei Singles kommt noch der Wunsch nach einem liebenden Partner hinzu. Bei vielen älteren Paaren ist der Wunsch nach vergangener Zärtlichkeit zu hören.

Wer hat sich schon einmal diese Frage gestellt, ob man im Augenblick glücklich ist, und gleichzeitig versucht sie ehrlich zu beantworten? Wer ehrlich ist, der weiß plötzlich was in den letzten Jahren schief gelaufen ist. Aber man muss wirklich ehrlich zu sich selbst sein. Wer sich selbst belügt der lebt immer in einer Scheinwelt. Diese Scheinwelt beginnt fast immer mit einer Notlüge. In einer Liebesbeziehung, einer Partnerschaft, darf es zu keiner Lüge kommen. Wenn Probleme auftauchen kann man sie immer in einem Gespräch aus der Welt schaffen. Natürlich nur unter der Voraussetzung, dass beide Partner den Willen der Zusammenarbeit haben. Eine Partnerschaft die gegeneinander arbeitet ist von vornherein zum Scheitern verurteilt.

Liebe und Ehrlichkeit reicht aber immer noch nicht aus um eine Erfüllung in der Liebe und im Leben zu finden. Es gehören auch noch das Vertrauen auf den Mitmenschen und die Geduld dazu. Beides sind Eigenschaften die erlernt und weiter gegeben werden können.

In einem anderen Zusammenhang sagte ich bereits: "In Liebe denken und in Liebe handeln". Dieser Satz schließt im Prinzip alles Vorhergesagte ein. Wer diesen Satz nicht vergisst der hat gute Voraussetzungen geschaffen ein Leben in Erfüllung zu leben.

Selbsterniedrigung

Oder, warum machen wir uns kleiner, als wir sind?

Selbstlos alles geben was man hat. Sich zurücknehmen in der Meinungsäußerung, keinen Widerspruch in sich aufkommen lassen um des lieben Friedens willen. Sich unterdrücken lassen obwohl man wirklich anderer Meinung ist. Und vor allem sich selbst nichts zutrauen wollen.

Wer kennt diese Situationen nicht? Irgendwann hat man alles schon einmal erlebt. Jeder Mensch weiß, dass es eigentlich nur zwei Möglichkeiten gibt. Entweder man lässt alles über sich ergehen, oder man traut sich seinen Standpunkt zu vertreten – mit allen Konsequenzen.

Der Mensch ist schon ein eigenartiges Wesen. Er lernt von seiner Umgebung und ist dann der Meinung, wenn alle es so machen, dann muss es auch richtig sein.

Wer als junger Mensch seine Meinung, gegenüber anderen, gegenteilig äußert, wird bald feststellen, dass er alleine dasteht. Erst wenn er seine Meinung erklären kann wird er Anhänger finden, die auch gleicher Meinung sind. Hat er diese Möglichkeit zu einer Erklärung nicht, so wird er seine Meinung, nach einigen schlechten Erfahrungen, als nicht gut genug, für sich behalten. Dieser Vorgang ist nicht von Bedeutung wenn sich so ein Ereignis nur wenige Male wiederholt. Sollte es aber auf Jahre hinaus so gehen, dass seine Meinung nichts gilt, wie es in vielen Familien die Praxis ist, verändert sich sein Wesen.

Meinungsunterdrückung jeglicher Art ist für jede Person und sein inneres Gefüge eine Schädigung. Unser Ego, welches für die

Erinnerung der Vergangenheit zuständig ist, wird uns sofort an ähnliche Vorgänge, aus der Vergangenheit, erinnern und uns automatisch nur den Vorschlag bringen, der früher schon geholfen hat: Sei ruhig und lass die Anderen machen. Dieser Vorschlag jedoch bringt die Seele in eine Stresssituation. Sie strebt nach Freiheit und Eigenständigkeit und bekommt dann solch einen Vorschlag zu hören, das ist für sie nicht richtig.

Wir stehen also bei Nichtbeachtung unter Stress. Der Kopf will sich wehren und weiß nicht wie. Im Prinzip gibt es wirklich nur zwei Möglichkeiten: entweder ich halte still und sage nichts, oder ich wehre mich.

Jetzt kommt die Umgebung ins Spiel. Welchen Anerkennungsgrad besitze ich als Erwachsener und kann ich mir eine Gegenrede leisten. Oder, wie z.B. in vielen Firmen, herrscht in der jetzigen Umgebung die Diktatur der Führungskräfte. Ein solches Verhalten, ob in den Firmen oder in der Familie, macht auf die Dauer die Seele und den Körper krank.

Bei jungen Menschen, die oft nur ihre eigene Familie kennen, geschieht das Gleiche. Entweder sie ziehen sich in ihr sogenanntes Schneckenhaus zurück und bleiben für sich, und das dann meistens ein Leben lang, oder sie machen Krach und stressen die ganze Familie. Die extremsten Fälle sind dann die durchgeknallten Jugendlichen, die mit ihren Taten in der Zeitung erscheinen.

Zu fast einhundert Prozent werden aus angepassten Jugendlichen später die angepassten Erwachsenen.

Wer ehrgeizig und geduldig genug ist, der erreicht in seinem späteren Leben eine ähnliche Position, von der er aus seine Umgebung unterdrücken kann. Denn aus der Vergangenheit weiß er noch, dass Gewalt und Unterdrückung auch zu einem Ziel führt.

Angepasste Erwachsene durchleben in ihrem Dasein viele Krankheiten. Sie erholen sich zwar fast immer gut, nach jeder Krankheit, aber wissen sie auch, dass es anders sein könnte.

Die Seele erwartet jedoch eine Entscheidung bei allen unangenehmen Zuständen. Sie wartet geduldig viele Jahre. Manchmal bringt sie sich durch eine kleine Krankheit wieder in Erinnerung. Da der Mensch es verlernt hat auf die Seele zu achten, wird dieser Hilferuf überhört. Man geht zum Arzt und in ein paar Tagen ist wieder alles vergessen. Die Ursache ist jedoch nicht beseitigt.

Wenn ich mich mit hilfesuchenden Menschen unterhalte so fällt mir fasst immer ihr fehlendes Selbstvertrauen und die ebenfalls fehlende Selbstliebe auf. Beides sind Eigenschaften die man erkennen und erlernen muss. In dem Wort Eigenliebe steckt zuerst einmal das Wort Liebe. Die Frage ist jetzt zu beantworten, ob man die Liebe zu sich selbst und zu anderen Menschen lernen konnte oder nicht. Die viele Menschen konnten diese Liebe nicht lernen denn ihre Eltern kannten sie auch nicht. Bei manchen waren es die Großeltern die dann, am Ende ihres Lebens, die Liebe, von der sie geträumt hatten, an ihre Enkel weitergeben konnten.
Der Kampf des Überlebens, in einer Welt voller Habgier, lässt uns dies meist vergessen.
Die Eigenliebe oder die Liebe zu sich selbst, setzt voraus, dass man auf sich und sein Leben aufpasst. Es nicht vergisst und es auch nicht mit Füßen tritt. Es setzt voraus, dass man sich selbst gegenüber ehrlich ist und auch mal nein sagen kann und nicht nur, damit der momentane Frieden erhalten bleibt, alles schluckt. Wer aber die Eigenliebe in sich fördert wird auch bald merken, dass sein Selbstvertrauen mit seinen Entscheidungen mitwächst.

Ein Geheimnis eines Menschen ist also die Liebe zu sich selbst und das daraus erwachend Selbstbewusstsein. Alles andere ergibt sich dann von alleine.

Veränderung

Von negativer zur positiver Lebensweise

Diese Frage habe ich mir auch oft gestellt. Vor allem zu Beginn meiner Entscheidung, dass ich immer in Liebe denken möchte. Es hat damals keine drei Tage gedauert bis zur ersten Feststellung, dass **ich** mich ändern muss und nicht die anderen. Es waren aber immer nur kleine Schritte die geändert werden konnten. Zuerst vielen mir in meiner Sprache die negativen Wörter auf. Ein Teil von ihnen war auf mich selbst gerichtet. Ich behandelte mich selbst nicht positiv, sondern versetzte mich und meine Tätigkeiten, in vielen Gesprächen, ins Negative. Dadurch blieb die Glaubwürdigkeit, die ich von mir selbst hatte, auf der Strecke. Denn wie kann mir jemand glauben wenn ich mir selbst nicht glaube. Aus dieser Überlegung resultierte eine wichtige Entscheidung.

„Ich muss in allen meinen Gesprächen, von mir selbst überzeugt sein".

In der folgenden Zeit sprach ich von mir und meinem Denken nicht mehr in einem negativen Ton.

Zur gleichen Zeit setzte ich auch meine Mitmenschen nicht der Negativität aus. Die Erkenntnis daraus waren etwas ruhigere Gespräche.

Einer der großen Veränderungen in der nächsten Zeit war die Erkenntnis, dass jeder Mensch seine eigene Wahrheit hat. Alles was man sich vorstellt oder hört und sieht ist wahr. In dem Augenblick, in dem ich etwas erfahre, mir etwas mitgeteilt wird, ist es für mich wahr. Gebe ich diese Wahrheit weiter, so ist es ebenfalls meine Wahrheit. Füge ich dieser Wahrheit etwas hinzu, oder verkürze sie, so ist sie immer noch nur meine persönliche Wahrheit. Die Wahrheit, zum gleichen Thema, kann bei meinem Gesprächspartner aber völlig anders sein. Diese fast umwerfende Erkenntnis, dass die Wahrheit nicht immer gleich ist, brachte noch einmal einen Ruhepunkt in meine Gesprächsdialoge. Ja, so oder ähnlich könnte es auch bei Ihnen, liebe Leser sein, wenn Sie sich für den Weg „In Liebe denken" entscheiden.

Diese Beispiele zeigen nur einen kleinen Teil der Veränderung. Viele andere folgen, wie die Ansichten in der Politik oder in der Wirtschaft. Alles relativiert sich.
Innerhalb dieser Entwicklung bleibt es nicht aus, dass man sich auch mit der eigenen Religion beschäftigt. In Liebe denken und handeln heißt immer, dass man keine Gewalt anwenden will. In den Niederschriften der christlichen Religionen gibt es viele Beispiele von Gewalt. Wer sich in die damalige Zeit hinein versetzt, der wird bald merken, dass alle Niederschriften immer so geschrieben wurden, wie die Menschheit fähig war, die Geschehnisse zu verstehen.

Worin liegt also der Sinn einer Niederschrift? Alle Bücher dieser Welt haben, meines Wissens, den Zweck, der Menschheit das Wissen des Autors zu vermitteln. Der Autor vermacht sein Wissen der Nachwelt und wer sich dafür interessiert, liest sein Buch. In etwa den gleichen Verlauf haben auch die Religionsbücher genommen. Da sie für viele von großem Interesse waren wurden sie dementsprechend bearbeitet und weiter verbreitet.

Gewalt kann vielseitig sein. Sie kann grob, als Tat, ausgeführt werden aber auch bestimmend, mit Worten wie „Du sollst" oder „Du musst".

Wir alle, liebe Leser, wissen in der Zwischenzeit, dass wir freiwillig auf dieser Erde sind. In den Religionsniederschriften jedoch, die ich kenne, steht nichts von einer Vergangenheit im Himmel sondern nur von einer Zukunft im Himmel, wenn wir uns nach den Gesetzen der Religionen richten. Was ist mit den Menschen die einer anderen Religion angehören als der Christlichen.
Jede Seele ist irgendwann im Himmel und dabei ist es egal welcher Religion sie angehörte. In gleicher Weise weiß jeder Leser in der Zwischenzeit, wenn er in der Liebe denkt und handelt, dass er sein Leben wesentlich schöner und ruhiger gestalten kann, als wenn er mit der Gewalt der Vergangenheit denkt und lebt.

Dadurch, dass Marianne für mich als Medium fungieren kann, ist es für mich kein Problem, mich auch mit Gott zu unterhalten. Daraufhin stellte ich Gott zwei Fragen, die sich mit der Gewalt im Alten wie im Neuen Testament beschäftigen. Bei jedem dieser Ereignisse wird Gott mit der Gewalt in Verbindung gebracht.

Im Buch Genesis 22.1 u. f. spricht das Alte Testament von einer Prüfung des Abrahams vor Gott. Er soll angeblich seinen eigenen Sohn töten um vor Gott als guter, gläubiger und folgsamer Mensch dazustehen.

Ich habe Gott gefragt, warum er solch eine Prüfung von Abraham gefordert habe, denn eine solche Prüfung ist für mich ein Unding. Warum sollte er einen Mann öffentlich prüfen wollen, wenn er doch seine Gedanken lesen kann.

Seine Antwort fiel auch so aus wie ich es mir gedacht habe. Die Menschen, die diese Geschichte aufgeschrieben haben, muss man versuchen zu verstehen. Sie lebten in einer harten Zeit in der nur die Kraft des stärkeren von maßgeblicher Bedeutung war. Die Überzeugungskraft des Abrahams alleine, seine Begeisterung für den Vater und seine Führungsqualitäten werden nicht ausgereicht haben ein Volk zu überzeugen. Vor allen Dingen nicht ein Volk, das die Vergangenheit verherrlicht und damit auch die Zukunft bestimmt. Denn das Alte Testament wurde, wie das Neue Testament auch, immer einige Jahrzehnte, wenn nicht gar Jahrhunderte, später geschrieben, als die Ereignisse stattfanden. Da man die Gedanken des Abrahams nicht kannte setzt man ein Geschehen zwangsweise anders um als es in Wirklichkeit geschah.

Wenn ich mir die Geschichte mit meinem heutigen Wissen ansehe, so würde die Erzählung ganz anders verlaufen.
Abraham ist ein sehr intelligenter Menschenkenner und guter Führer seines Volkes. Er weiß aber auch, dass man die rauen Männer seines Stammes nicht mit Gutmütigkeit und Geduld alleine überzeugen kann, dass es nur einen Gott gibt. In den Köpfen der damaligen Menschen existierten viele Götter. Er selbst besaß die Gabe, Wesen aus der anderen Welt sehen zu können. Er musste der einzige mit einer solchen Gabe gewesen sein. Aber alle Menschen, die eine solche Fähigkeit besaßen, waren zwar immer gern gesehene und gefragte Personen, denen man aber nie richtig glauben konnte. Niemand im seinem Stamm konnte schließlich seine Worte widerlegen. Abraham wusste auch das. Um seinen Glauben, an den einen Gott, den richtigen Nachdruck zu verleihen, musste er zu einer kleinen List greifen. Wenn das Volk nicht ihm Glauben schenken will, so soll man wenigstens seinem Gott Glauben schenken. Ganz sicher werde das Volk von

ihm einen Beweis für seine Glaubwürdigkeit gefordert haben. Damals, wie auch heute, wird immer wieder nach Beweisen, für einen lebendigen Gott, verlangt.

Jeder in seinem Stamm kannte seine Geschichte und jeder wusste, dass er seinen Sohn über alles liebte. Er bot seinem Stamm folgenden Beweis an: „Ich gebe meinem Gott meinen überaus geliebten Sohn wieder zurück. Ich werde mit meinem Sohn auf einen Berg gehen und ihn als Opfer, als Brandopfer, darbringen. Will mein Gott dieses Opfer so werde ich ohne meinen Sohn zurückkehren. Ist dieses Opfer aber nicht nötig so werde ich ein anderes Brandopfer finden. Für Euch ist es aber das Zeichen, dass Ihr braucht, um meinen Gott, den einzigen Gott, anzuerkennen".

Einer seiner Knechte begleitete ihn bis zum Berg. Den Berg selber ging er alleine mit seinem Sohn hinauf. Die Berge in seiner Heimat waren aber, nicht wie bei uns bewaldet, sondern kahl und öd und steinig. Hier konnte kein oder wenig Wild existieren. Ab hier stimmt die Geschichte wieder. Abraham fand einen Widder und konnte diesen statt seines Sohnes zum Brandopfer machen. Dadurch hat er seinem Volk die Stärke seines Gottes bewiesen, er brauchte für die Glaubwürdigkeit seines Gottes kein Menschenopfer bringen.

Warum wurde die Erzählung von Abraham nicht so geschildert wie ich es gerade getan habe, sondern so wie sie heute noch zu lesen ist? Es konnte sich damals noch niemand so richtig vorstellen, dass es einen liebenden Gott geben könnte. Für die damalige Zeit konnte es nur einen starken Gott geben. Er musste so stark und mächtig sein, damit er alle anderen Götter, die noch in den Köpfen der Menschen steckten, besiegen konnte. Von der Macht und der Stärke der Liebe wusste damals noch niemand. Außer Abraham, für ihn gab es nur einen Gott und eine Liebe, die Liebe zu seiner Familie und die Liebe zu seinem Gott. Es war die gleiche starke Liebe, denn Gott ist die Liebe.

Auch im Neuen Testament stoßen wir auf Gewalt. Hier ist es Christus, der mit der Gewalt in Verbindung gebracht wird.

Meine zweite Frage bezog sich auf das Johannes-Evangelium 2,13-22 in welchem die Händler aus dem Tempel getrieben wurden.

Mir war klar, dass der Inhalt dieser Geschichte so nicht stimmen konnte.
Dieses Mal kam die Antwort von Jesus selbst: „Die Menschen konnten nur über das schreiben was sie verstanden haben, und Gewalt haben sie immer verstanden. Das Leben war für sie stets ein Gewaltakt. Ich habe aber immer nur von Liebe gesprochen".

Auch wenn von Priestern in der heutigen Zeit, von einem liebenden Gott gesprochen wird, so wird das Wort „Liebe" in den wenigsten Fällen umgesetzt.

Die Liebe fordert uns auf, immer wieder über uns nachzudenken. Uns den neuen gegebenen Umständen anzupassen.

Wenn Sie, liebe Leser, das Kapitel vom Gedankenaufbau nachlesen, so werden Sie verstehen, wenn ich behaupte, dass wir immer mit unserem Gott gemeinsam nachdenken. Weder er noch wir können uns gegenseitig ausblenden. Seine Liebe ist immer in uns.

Auch wenn wir überzeugt sind, dass es keinen Gott gibt, oder es nicht wahrhaben wollen, so existiert er doch.

Steine

Oder wie sonst noch Energie übertragen wird

Es ist schon interessant zu erkennen, wer und was sich jeder alles um den Hals hängt oder um den Arm legt. Im Großen und Ganzen ist es nur einfach Schmuck. Schmuck am ganzen Körper und in jeglicher Form. Für uns Europäer bedeutet Schmuck in erster Linie eine Aufwertung oder ein Hervorheben der eigenen Person. Genutzt von den Frauen für uns Männer oder umgekehrt. Worüber ich in diesem Beitrag schreiben möchte, ist nicht der Schmuck, der eine Schönheit noch schöner machen soll, sondern über spirituellen Schmuck. Schmuck der einen Menschen Heilung oder Sicherheit bringen kann.

So gibt es Steine die dem Menschen Kraft und Stärke verleihen oder vor Krankheiten schützen. Alles wird von den Menschen geglaubt und ausprobiert. Was davon richtig ist, oder wann was geholfen hat, weiß ich nicht. Ich weiß jedoch, dass über Gegenstände gedachte Energie weiter gegeben werden kann.

Aus dem Voodoo Kult wissen wir, dass man seine Gedanken, übertragen auf Gegenstände, zum Schaden seiner Mitmenschen benutzt hat und heute noch in Anspruch nimmt.

Wir, meine Frau und ich, haben uns vor ein paar Tagen über die Kraft der Steine unterhalten. Da sie in der letzten Zeit, dem einen oder anderen Gast, einen Stein, von ihr gereinigt und mit Liebe aufgefüllt, mitgibt, kam sie auf die Idee nach der Kraft der Steine zu fragen.

Unbehandelte Steine, wie sie in der freien Natur vorkommen, sind immer sauber. Sie laden sich spirituell immer erst durch den Menschen auf. D.h., wer einen Stein in die Hand nimmt der lädt ihn auch mit seiner Energie auf. Wird er von mehreren Personen getragen so hinterlassen alle Beteiligten ihre Energie auf diesem Stein. Wird der Stein später noch bearbeitet so bekommt er auch noch die Energie der Arbeiter aufgedrückt. Am Ende ist es zwar ein schöner Stein an dem man seine Freude hat, aber nicht immer ist es eine Freude ihn zu tragen. Ein Stein kann so viel verschiedene Energie aufnehmen, sodass er einen Menschen krank machen kann.

Ist der Stein von allen spirituellen Fremdenergien gereinigt, so kann er seine natürliche Energie zum Wohle der Menschen verbreiten.

Die Steine sind wie ein Brief, der die Gedanken eines Menschen transportiert. So befördern die Steine, die Marianne verschenkt, immer genau die Energie, die der Gast für sein Wohlergehen benötigt. Die Wirkung der Energie, die die Steine jetzt haben, ist unabhängig von der Einstellung des Menschen für den er aufgeladen ist. Glaubt ein Gast an die Wirkung des Steines, so wird er viel Freude an ihm haben. Ist dieser Mensch auch noch gläubig, so kann er Gott nochmals um eine Verstärkung dieser Energie bitten. Er wird diese Bitte erfüllt bekommen.

Grundsätzlich wird eine Bitte, um gute Energie, von Gott erfüllt.

Die Kraft Gottes ist in allen guten und liebevollen Energien vorhanden ob wir nun gläubig sind oder nicht. Mit unserer Gläubigkeit wird sie nur noch verstärkt, denn schon vor dem Beginn eines Projektes bittet ein gläubiger Mensch um den Beistand Gottes.

Nicht nur Steine können unsere Energie zu den Menschen tragen, sondern jeder andere Gegenstand auch.

Frau B. ruft uns eines Tages an und beschreibt uns folgende Situation: Ihre Tochter, die damals vier Jahre alt war, kommt vom Kindergarten nach Hause. Alle Familienmitglieder setzen sich zum Essen und nach einer kleinen Weile fällt der Kopf ihrer Tochter auf die Brust und sie schläft ein. Zu mindestens macht sie die Augen zu, und sie isst weiter. Wird sie in diesem Zustand angefasst, z.b. am Arm, so schreckt sie auf und fängt an zu weinen.
Dieser Zustand besteht nun schon eine Woche lang. Einen Film mit der Handy-Kamera hat sie auch gemacht und jetzt weiß sie nicht mehr weiter. Marianne fragte nach Veränderungen in ihrem Umfeld in der letzten Zeit und Frau B. meinte; Sie hätte aus der Verwandtschaft eine Puppe geschenkt bekommen, aber das konnte es doch nicht sein.

Marianne und mir war es sofort klar, dass die Ursache bei der Puppe liegt. Noch in der gleichen Stunde fuhren wir zu Frau B. und ihrer Familie.

Die Kleine war quietsch vergnügt und freute sich über ihre Puppe. Dann sahen wir uns den Film an und Marianne wusste sofort was zu tun war. Die Puppe war voller negativer Energie. Nach der Reinigung baten wir Frau B. ihre Tochter weiter zu beobachten und uns wieder zu informieren. Marianne rief zwei Tage später selbst an weil sie wissen wollte, ob sich eine Veränderung gezeigt hat. Frau B. war begeistert von Mariannes Arbeit. Nichts hatte sich mehr gezeigt. Alles war wie zuvor. Das Schlafbedürfnis am Tisch gab es nicht mehr.

Später unterhielten wir uns einmal über dieses Phänomen und folgende Erklärung kam für uns durch. Die Frau, die diese Puppe hergestellt oder zusammengebaut hat war verärgert über ihre eigene Situation. Sie war selbst Mutter und konnte Ihrer Tochter eine solche Puppe, die sie für das reiche Europa fertigt, nicht kaufen. Ihr Lohn reicht nicht für Spielzeug sondern nur für die tägliche Notwendigkeit.

Was sich hier zugetragen hat ist die Alltäglichkeit unserer Energie, die wir alle, in irgendeiner Form, von uns geben. Die meisten Menschen merken nichts von einer solchen Übertragung. Sie leben ihr Leben, mal mit mehr und mal mit weniger Beschwerden. Mit dem Satz „Heute ist nicht mein Tag, es geht alles schief" wird quasi eine ähnliche Situation beschrieben. Wir verarbeiten die negative Energie, die ein Anderer uns unbewusst geschickt hat, durch unseren eigenen Körper.

Ich bemerke gerade, dass ich nur von negativer Energie geschrieben habe. Umgekehrt geht es natürlich auch. Mitmenschen, die gut drauf sind, stecken uns an, wir übernehmen ihre gute Laune. Auch das ist Energieübertragung. Aber das Spiel geht noch weiter. Ein Familiengespräch verläuft immer anders wenn man dem Gegenüber Licht und Liebe per Gedanken hinüber sendet. Denn Licht und Liebe ist die Grundinformation aus dem Himmel. Es ist dabei egal ob wir dann die Hilfe vom Herrgott selbst oder von einem Engel bekommen. Es ist einfach die schönste Information die wir aus dem Himmel bekommen können.

Stellen Sie sich vor, Sie gehen zu einer Behörde und möchten eine Auskunft. Wer geht schon gerne in eine Amtsstube. Jeder macht sich dabei so seine Gedanken, man ist reserviert und vorsichtig vielleicht sogar ängstlich. Wenn Sie jetzt, bevor Sie zu den

Beamten gehen, ihnen Licht und Liebe schicken, werden Sie selbst überrascht sein, wie man Sie empfängt.

Ähnlich ist es Marianne ergangen. Sie ging in die Amtsstube und wurde ziemlich mürrisch empfangen. Marianne trug ihr Anliegen vor und die Dame verschwand, ohne einen Ton zu sagen, in der nächsten Tür. Sie war alleine und gleichzeitig verwundert, dass man nicht mal ein Wort für sie übrig hatte. Sie ärgerte sich über diese Frau und wollte gerade in Gedanken über sie schimpfen als ihr die Idee von Licht und Liebe kam. Also gut, dachte sie, vielleicht hilft es, schaden kann es ja auch nicht. So ging die Bitte nach drüben: „Lieber Herrgott, oder wer mir sonst noch helfen will, schickt bitte Licht und Liebe in dieses Büro und zu allen Angestellten". Es dauerte eine Weil bis die Dame wieder aus ihrem Zimmer kam und siehe da, sie war unwahrscheinlich freundlich und in einigen Minuten war alles besprochen was zu besprechen war.

Probieren Sie es ruhig einmal aus, Sie werden von der Wirkung angenehm beindruckt sein.

Krankheiten, Schmerzen, Energie

Mit Geduld, Glaube, Zuversicht und Vertrauen, kann man die Krone des Lebens erringen.

Ich habe es schon ein paarmal gesagt oder geschrieben: Wir alle bestehen aus Energie, nur, dass die Energie in verschiedenen Stärken oder auch in ungleicher Dichtigkeit auftritt. Eine besondere Dichte hat unser Körper.
Er ist biegsam und sehr beweglich, kann viel leisten und kommt doch schnell an seine Grenzen. Die kleinsten Viren können uns aus der Bahn werfen. Da aber Viren auch nur aus Energien bestehen so ist es ein Trugschluss, wenn behauptet wird, dass die Viren, oder andere Verursacher, uns eine Krankheit gebracht haben. In Wirklichkeit sind es die fremden Energien, die uns die Krankheiten bringen, und die wir nicht verarbeiten können. Der gesamte Körper ist so voller Fremdenergien, dass er alle Energien, die er neu aufnehmen muss, nicht mehr aufnehmen kann. Er ist absolut überlastet. Er ist am Ende.

Viele vergangene Leben, die wir alle hinter uns haben, hinterließen ihre Spuren in unserem Seelenkörper. Wir haben alle viel erlebt. Das menschliche Zusammenspiel war nicht immer einfach. Liebe und Hass, Verzweiflung und Freude, Geburt und Tod in unseren Familien, und die eigene Wut, der angebliche geerbte Starrsinn und auch die Machtansprüche sowie die Machtlosigkeit sind die Fremdenergien, die unseren Seelenkörper gefüllt haben.

Unseren physischen Körper, der vollkommen rein auf die Welt kommt, füllen wir selbst.

In den jungen Jahren nimmt der Körper noch recht viel auf und gibt auch wieder ab. Mit der Selbständigkeit beginnt dann das große Sammeln. Es ist dabei egal, ob wir viel oder wenig sammeln, gesammelt wird immer. Wenn der Körper voll ist beginnen die Krankheiten, d.h. der Körper kann die Fremdenergie nicht mehr speichern.

Es ist mir natürlich nicht möglich, zu sagen, welche Eigenschaft zu welcher Krankheit gehört. Der Volksmund sagt z.B., dass die Verachtung und der Hass einen Menschen auffressen können. Aber auch der Neid und die Gier nach Macht können ihn vernichten. Ihnen, liebe Leser, werden sicher noch mehr Beispiele einfallen, als ich hier beschrieben habe. Ihre Frage, die Sie sich jetzt stellen, ist berechtigt: „Wie komme ich aus diesem Dilemma heraus, und wie bleibe ich gesund bis ins hohe Alter?"

Es gibt viele Schlüssel die in ein Schloss passen. Einige davon werde ich versuchen zu schildern.

Ehrlichkeit und bei der Wahrheit bleiben gehören zu diesen Schlüsseln. Beide Eigenschaften, verpackt in liebende Worte, werden von jedem Gesprächspartner anerkannt.

Jeder Mensch macht im Leben genügend Äußerungen oder unüberlegte Taten die er gerne zurücknehmen würde, wenn er es könnte. Es ist auch meistens möglich, wenn man sich schnell genug zu einer Entschuldigung entschließen würde. Die Verzeihung durch den Geschädigten wäre fast sicher. Kommt es nicht zu einer Entschuldigung so wird der angesammelte, angebliche Schuldenberg, immer größer.

Aus den vergangenen Leben möchte ich Ihnen, liebe Leser, auch ein kleines Beispiel anführen. Es sind die Energien der Wünsche. Alle Wünsche, die ich mir zu meinem Wohl wünsche, werden von unseren Helfern der anderen Seite versucht in Erfüllung gehen zu lassen. Auch wenn wir nicht direkt darum gebeten haben. Aber es gibt auch noch andere Wünsche. Es sind die Wünsche von fremden Menschen und diese frommen Wünsche sind vielleicht nicht immer so fromm, wie es der Volksmund besagt. Ich weiß nicht, ob es heute noch vorkommt, dass ein Mensch, dessen Eitelkeit stark verletzt wurde, den anderen verwünscht. In der Vergangenheit war es fast üblich, seinem Kontrahenten, der einem nicht zu Willen war, zu verwünschen. Man wünschte seinem angeblichen Gegner z.B. Krankheiten, Kinderlosigkeit oder große Armut an den Hals. Die Energie, die damals mit großer Kraft ausgesprochen wurde, behält für lange Zeit seine Gültigkeit. Je nach Stärke und Aussagekraft bleibt die Verwünschung über Generationen bestehen.

Die heutige Medizin ist zwar in der Lage eine Krankheit zu heilen, aber eine Verwünschung kann sie nicht beenden. Diese alten Energien können nur Schamanen, Medizinmänner und Heiler, mit dem Segen Gottes, auflösen.

Wir kommen alle auf diese Welt, um die verschiedensten Gefühle kennen zu lernen. In erster Linie sind es Gefühle, die mit der Liebe zu tun haben. Wenn ich die Gefühle ernst nehme, so sind sie alle mit der *Liebe* oder *Nicht-Liebe* in Verbindung zu bringen. Man kann jede Tat aus *Liebe* bleiben lassen oder aus *Nicht-Liebe* durchführen. Es liegt in unserem Ermessen, wir entscheiden.
Bei Krankheiten können wir nicht entscheiden ob wir sie haben wollen oder nicht. Wir bekommen sie einfach. Sind es Krankhei-

ten die wieder geheilt werden können, so ist das für jeden in Ordnung.

Was ist aber mit den Krankheiten, die nicht heilbar sind? Warum oder woher kommen sie?
Solche Krankheiten werden genauso ausgesucht wie ich meine Familie aussuche, in die ich hineingeboren werden will. Nicht nur ich selbst, muss mit dieser Krankheit einverstanden sein, sondern auch die Familie, die mich dann pflegen darf.
Aber auch das muss man noch sagen, es läuft alles im Rahmen seiner, zu entscheidenden, Möglichkeiten ab. Viele Familien pflegen ihre kranken Kinder. Der Anfang oder bei Beginn einer Krankheit ist die Situation immer sehr schwer. Es dauert lange, bis man sich an alles Neue gewöhnt hat, aber irgendwann siegt die Liebe und man ist froh, sich so entschieden zu haben wie man entschieden hat. Die Liebe zum Kranken und die Liebe zur gewählten Aufgabe wachsen zusammen und zeigen uns eine vollkommen neue Liebesbeziehung. Die Fragen nach dem „Warum" und dem „warum ich" fallen nicht mehr ins Gewicht.
Ich sprach vor einiger Zeit mit einer solchen Seele die als behinderter Mensch auf die Welt gekommen wäre. Die Entwicklung dieses Menschen, und die Schwangerschaft, wurden vorzeitig unterbrochen. Diese Seele war noch nach über zwanzig Jahren mit dem Körper der Mutter verbunden. Das Ablösen oder Trennen von der Mutter war kein großes Problem. Meine Frage auf ein Leben mit Behinderung war für die Seele nicht verständlich. Für sie gab es nur ein Leben, ob mit oder ohne Behinderung spielte dabei keine Rolle.

„Was ist jetzt aber mit den kleinen Krankheiten? Sind die auch vorherbestimmt?" Werden Sie jetzt fragen, liebe Leser. Sie sind natürlich nicht im gleichen Rahmen vorbestimmt. Sie fallen einfach im Leben an. Diese kleinen Krankheiten, mit ihren Schmerzen und Unannehmlichkeiten, sind die Stützen oder die Pfeiler auf unserem Weg zu einem erwachsenen Menschen. Sie zeigen uns unsere Grenzen, aber auch unsere Stärken auf, wenn wir diese Krankheit besiegt haben. Mit jeder Krankheit lernen wir ein neues kleines Geheimnis. Bei dem einen kann es die Liebe oder die Geduld sein, die er für später braucht. Bei einem anderen Menschen ist es die Liebe des Mitmenschen, die er nicht erwartet hat, und die er ganz ohne Aufrechnung, geschenkt bekommt. Bei manch einem Menschen kann es sogar zu der großartigen Erkenntnis kommen, dass es einen Gott gibt, der nicht nur für andere da ist, sondern auch für ihn.

Hoffnung

Hoffnung! Mit Hoffnung und Zuversicht auf Gott schauen und mit Geduld darauf warten, dass Er alles richtet. Das hat es noch nie gegeben.

Hoffnung gibt es nicht.

Was wir haben dürfen ist das Vertrauen auf ein Miteinander. Wenn Sie, liebe Leser, dieses kleine Buch aufmerksam gelesen haben, so werden Sie kein Wort von Hoffnung darin finden. Alles was wir alle erleben ist durch uns selbst erschaffen. Wir sind freiwillig hier auf der Erde. Krankheiten und Kummer werden von uns freiwillig übernommen und genauso miteinander geteilt, wie die Freude über eine bewältigte Schwierigkeit. Unser Lebensweg wird nur durch uns selbst bestimmt.

Selbstverständlich steht uns jegliche Hilfe aus der anderen Dimension, immer und jeder Zeit zur Verfügung. Nur, wir müssen unsere Helfer oder auch Engel um ihre Hilfe bitten.

Miteinander ist eigentlich das große Stichwort. Wir Menschen, Energiewesen mit und ohne Körper, haben ein gemeinsames Ziel. Wir streben alle nach der absoluten Reinheit. Jeder von uns will eines Tages wieder so rein und makellos zum Herrgott zurückkehren wie er von ihm fort gegangen ist.

Niemand kann diesen Weg für sich alleine gehen. Jeder braucht immer irgendwo die Hilfe eines anderen.

Eines dieser Hilfen, auf diesem Weg die Erdenlast wieder los zu werden, sind nicht nur meine Bücher, sondern alle Menschen die ehrliche schamanische Arbeit leisten. Die mit ihren göttlichen Gaben jedem helfen der zu ihnen kommt.

Schuld und Sühne

Zu diesem Thema muss ich gleich mit der Macht und der daraus folgenden Gewalt anfangen. Die Institutionen der Macht, wie sie z.B. der Staat oder auch die Kirchen darstellen, bestimmen selbst was Schuld ist. Wobei die Schuld immer nur dann existent scheint, wenn sie an die Öffentlichkeit kommt, d.h. dass eine Schuld, die nur im kleinen Kreis bekannt ist und von keinem anderen erkannt wird, nicht als existent gilt. Zumindest kann man zu diesem Eindruck kommen wenn man sich die Geschehnisse dieser Welt etwas genauer anschaut.

Was ist eigentlich Schuld? Die Erklärung von Schuld ist so vielfältig, dass ich sie nicht beschreiben kann ohne einen großen Aufwand zu machen. Was ich damit sagen will ist nur, dass Schuld eine dehnbare Angelegenheit ist, genauso wie ein Wiedergutmachen.

Wenn ich der Schuld auf den Grund gehen will so komme ich nicht an dem Wort Angst vorbei. Die Grundangst ist meines Erachtens die Angst vor dem Verhungern. Um nicht in den Zustand der Armut zu kommen hat der Mensch alles das erfunden was uns allen nur zu gut bekannt ist. Dazu gehört nicht nur die Arbeit, die ich im Auftrag eines anderen Menschen erledige, sondern auch wie sie ausgeführt wird. Hier denke ich in erster Linie an einen gerechten Wertausgleich der fast immer fehlt.

Ursache und Wirkung.

Was würde passieren wenn man die Wörter Schuld und Sühne in Ursache und Wirkung austauscht? Müssten wir dann nicht sofort mit neuen Fragestellungen beginnen. Vielleicht mit warum und wieso? Oder ist uns das peinlich, wenn wir dann die eigene Schuld eingestehen müssten, durch die der Schuldige erst zu seiner Tat gedrängt wurde? Ist es wirklich die eigene Schuld die uns hindert nach der Schuld der anderen zu fragen? Oder vertuscht die fremde Schuld die Eigene?

Aber was ist eigentlich Schuld? Gibt es Schuld an sich überhaupt?

Ich mache es mir mit der Antwort etwas leichter als vielleicht viele andere Menschen. Ich könnte mir aber vorstellen, dass es viele Menschen gibt, die so denken wie ich. Es gibt keine Schuld!

Das Christentum spricht von einer Erbschuld. Soweit ich es verstanden habe, geht es hier um die Vertreibung aus dem Paradies. Wer ein bisschen im Internet forscht wird zum gleichen Ergebnis kommen: „Nichts genaues weiß man nicht". Alles ist Auslegungssache.

Das Paradies, wie es uns die Religionen vorsagen, kann es wirklich nicht auf dieser Erde geben. Denn dafür ist dieser Planet nicht geschaffen. Diese Welt ist nichts anderes als eine Versuchsstation auf der wir Menschen die Liebe lernen können. Wir alle sind Energiewesen und unsere Seele ist die Energie.

Die Religionen haben durchaus eine schöne Aufgabe geleistet. Sie haben den Menschen immer das Gefühl gegeben nicht alleine auf dieser Welt zu sein. Die Führungskräfte in den Religionen stellten Gesetze und Verordnungen auf um ihren Mitmenschen in eine, ihrer Meinung nach, richtige Richtung zu führen.

Aus den letzten 3-4tausen Jahren hat man schon Aufzeichnungen über die Denkweise der Menschen, und man weiß, dass die Sehnsucht nach einer besseren Welt immer vorhanden war. Die Religionen schufen dieses Paradies und versuchten es so glaubhaft wie möglich zu erklären. Damit es auch jeder glaubt schufen sie noch ein Gegenstück von diesem schönen Paradies, nämlich die Hölle.
Doch eines konnten sie nicht, sie konnten nie dieses Paradies beschreiben. Alle Beschreibungen dieser beiden Fantasiewelten

entsprangen ihrer eigenen Welt, denn man kann nur das beschreiben was man auch kennengelernt hat.

Für jeden Menschen, der in Not lebt, ist die Hoffnung auf ein schönes Paradies immer der größte Traum.

Der spirituelle Weg

Jede Religion geht ihren eigenen spirituellen Weg, und seit jeher behauptet jede sie habe den richtigen Weg gefunden.
Wie ich bereits geschrieben habe sind wir ewig lebende Energiewesen die aus der gleichen Energiemasse kommen, die der Vater und Gott aller Menschen, in sich einmal geschaffen hat. Diese Erschaffung von neuer Energie ist der Beginn von allem was ist. Die umfangreiche Entwicklung ist dann nur noch eine Frage der Zeit.

Wenn ich nun davon ausgehe, dass Gott das Energiewesen ist, das es früher nur alleine gegeben hat, so sind wir nach seinem Willen die gleichen Wesen die jetzt in seinem Inneren wirken. Gott ist die große Energie die immer alles umfasst. Ob wir es so wahr haben wollen oder nicht. Natürlich werde ich nie verlangen, dass man mir glauben muss. Es wird immer eine solche oder andere Meinung geben die nach Glaubwürdigkeit ruft. Beweisen kann eine solche These niemand. Sie ist aber meines Erachtens sehr plausibel und leicht glaubhaft.

Was noch zu diesem spirituellen Weg gehört ist die Freiwilligkeit eines jeden Individuums. Alles was man sich vorstellen kann wird immer freiwillig durchgeführt. Jede Entscheidung des einzelnen ist freiwillig getroffen worden. Es gibt auf diesem Weg keine Zuordnung im Sinne von Aufgabenübertragung durch einen anderen.

Ich habe, durch Marianne, mit vielen Energiewesen gesprochen, und immer hörte ich nur von der großen Freiheit aller. Aus dieser Freiheit kommt auch die Überzeugung, dass einem nichts passieren kann. Nichts und niemand könnten einer Seele einen Schaden zufügen. Unsere Seelen sind für uns Menschen nicht erreichbar. Sie alle sind in der Dimension in der wir nach unserem Ableben wieder eingehen. Was uns hier auf der Erde am Leben erhält ist eine energetische Verbindung zur anderen Seite, getragen von einem Seelenfunken. Die vielen Gespräche mit den anderen Seelen, oder auch Energiewesen, hat noch etwas gezeigt. Die Freiwilligkeit des Einzelnen bezieht sich auch auf jegliche Entwicklung. So wie wir uns hier auf der Erde weiter entwickeln so geschieht das gleiche auch auf der anderen Seite unserer Dimension.

Unter der Voraussetzung der Freiwilligkeit lernen wir alle voneinander. Hat jemand eine neue Erkenntnis gewonnen so wird er diese an jeden weitergeben der sie erfahren möchte.

Die Erkenntnisse die ich aus den wechselseitigen Gesprächen erfahren habe, gebe ich in der Form eines Buches oder in Gesprächen weiter. Wer es wissen will der hört mir zu und wer mir nicht zuhören möchte dem entgeht dieses Wissen. Alles ist freiwillig.

Der Weg einer jeden Seele ist immer verschieden. Kein Weg gleicht einem anderen. Jeder hat andere Ideen und andere Möglichkeiten. Bei allen diesen Möglichkeiten geht es nie um materiellen Reichtum sondern immer um eine Erfahrung. Es ist dabei egal was man gemacht hat. Die Erfahrung ist immer im Mittelpunkt. Die Wörter Gut oder Böse gibt es nicht für eine Seele. Sie geht ihren Weg des Aufstiegs in genau der Weise wie sie es für nötig hält. Jede Seele lernt in jedem Falle, ob sie in ihrer Dimension als Lichtwesen oder auf der Erde als Mensch existiert. Immer wenn sie auf die Erde kommt wird sie die Liebe von drüben mitbringen. Die Dimension aus der wir kommen kennt nur diesen einen Zustand. Wenn wir uns entschließen wieder auf die Erde zu gehen so haben wir immer ein neues Ziel vor uns, ob wir es erreichen ist dann eine andere Frage.

Der gesamte Weltraum steht uns für unser Spiel zur Verfügung und nichts kann uns Energiewesen aufhalten. Unser Erfindungsreichtum kennt keine Grenzen.

Ähnlich dem Motto, wir können alles, muss es uns gegangen sein, als wir mit der Entwicklung dieser Erde begonnen haben. Wir, die Meister von allem was ist, wollten etwas wirklich Neues beginnen. Auf allen bewohnten Planeten konnte irgendeine Fähigkeit ausprobiert und erlernt werden, nur die Liebe konnte nirgends erlernt werden. Gleichzeitig wollten wir wissen, wie weit wir uns von der Liebe entfernen konnten, um doch wieder zu ihr zurück zu finden.

In unserer Heimatdimension gab es die Liebe und die brauchten wir nicht lernen. Folge dessen beschlossen wir, d.h. ein kleiner Teil von Seelen, einen Planeten zu entwickeln den wir in einer anderen Lebensform besiedeln konnten als wir es bis dahin gewohnt waren.

Ein neuer Planet wurde gestaltet und entwickelt. Als die Zeit reif war wurde er auch besiedelt. Für die neue Besiedelung war eine absolute Unwissenheit die einzige Voraussetzung. Nicht die kleinste Erinnerung durfte uns im Gedächtnis bleiben. Dieser Planet lies eine solche Möglichkeit zu und der mussten wir uns alle unterwerfen.

Wir Menschen wissen, was aus diesem Planeten geworden ist, denn es ist unsere Erde.

Was wir aber immer noch nicht gelernt haben ist die Liebe. Wir wissen zwar, dass es sie gibt und manchmal erfahren wir sie auch in einer Partnerschaft oder in der Zuneigung zu unseren Kindern, aber das ist auch alles.

Viel haben wir in den vergangenen vier oder fünftausend Jahren angestellt. Die Erkenntnisse sind in unzähligen Büchern niedergeschrieben und jeder Mensch ist stolz auf das Erreichte in seiner Sparte. Nur von der Liebe keine Spur.
Zu mehr hat es nicht gereicht. Das bisherige Zusammenleben brachte nichts Besseres hervor als das was wir heute haben. Zank, Streit, Eifersucht und Neid, Habsucht und Geltungsbedürfnis gehören auch zu diesen errungenen Eigenschaften. Wenn ich dann noch die Angst dazu nehme, die jedem Menschen innewohnt, bleibt für die Liebe wenig Platz.

Ein Leben im Licht oder im Licht leben

Dieser Satz „Ein Leben im Licht", ist mir heute Morgen eingefallen.

Was ist ein Leben im Licht?

Es ist auf jeden Fall nicht oft mehr als das Ergebnis eines erfüllten Lebens. Ein erfülltes Leben wird von uns fälschlicherweise oft mit materieller Fülle verwechselt, obwohl auch solche Menschen glücklich sein können.
Auch derjenige, der sich nicht alles leisten konnte in seinem Leben aber zufrieden war, hatte am Ende ein erfülltes Leben. Die Antwort für ein gut oder weniger gutes Leben ist auch nicht richtig, denn die Steigerung von gut ist sehr gut. Ein Leben im Licht ist aber noch etwas ganz anderes.

Auf den kleinsten Nenner gebracht heißt das für mich: Ein Leben in Gott! Ein aufmerksamer Leser würde jetzt sagen, dass wir doch alle in Gott leben.
Es ist richtig wenn man zu solch einem Gedanken kommt. Denn das ist auch der Beginn von allem was ist.

Mit dem Erschaffen dieser Energie begann die Entwicklung unseres Weltalls. Gott schuf eine Energie die so selbständig war wie er selbst. Sie, die Energie, besaß die gleiche Kraft wie Gott selbst, nur nicht das gleiche Wissen. Das gleiche Wissen würde nichts Neues erschaffen denn es weiß alles, nur wenn die Energie nichts weiß, beginnt sie nach etwas zu suchen, von dem sie nichts weiß, aber wissen möchte. Dieses Suchen ist dann der zweite Schritt auf dem Wege zur Entstehung einer Welt.

Wenn ich das alles auf uns Menschen beziehe so ist es vollkommen richtig, wenn ich sage, dass wir alle in einem Gedanken, den wir Gott nennen, leben. Wir leben in Gott also leben wir auch in der Liebe und gleichzeitig im Licht. Gott ist Licht und Liebe, und wer etwas in sich erschafft, der nur in Liebe denkt, kann nur in der gleichen Richtung erschaffen. Was liegt näher, als dass auch wir nur in Liebe denken und handeln können. Dass wir es noch nicht können, liegt an unserer jetzigen Daseinsform denn wir kommen nicht mit dem Wissen auf diese Erde welches wir in der anderen Dimension haben.

Die letzten Sätze kommen mir fast schon zu theologisch vor. Ich könnte mir vorstellen, dass Sie, liebe Leser, zum jetzigen Zeitpunkt eine andere Frage im Kopf haben. Es könnte die gleiche Frage sein die ich mir früher auch gestellt habe: „Für was ist das alles und warum kann ich nicht einfach so leben wie ich will?". Natürlich kann man das. Wer will Sie oder mich daran hindern. Wer aber bis hierher bereits gelesen hat der will nicht nur sich selbst ändern, sondern auch etwas am gesamten Leben. Das kann man aber nur, wenn man bei sich selbst anfängt. Im Prinzip ist dieser Gedanke die Aufstiegsidee. Es ist der Aufstieg der Persönlichkeit.

Als dieser Wandel in mir anfing, habe ich geahnt, dass viel mehr auf mich zukommen wird als ich es mir vorstellen könnte. Der erste große Gedanke war aber noch anders. Er gab mir das Gefühl, dass nichts alleine geschehen wird. Ein einzelner Mensch oder eine einzelne Seele ist nicht in der Lage einen bestehenden Zustand so grundlegend zu ändern, dass etwas völlig Neues und wertvolles daraus wird. Nur mit Hilfe des Vaters und der ganzen himmlischen und irdischen Gemeinschaft wird es gelingen, diese Aufgabe durchzuführen.

In der zurückliegenden Zeit habe ich immer selbst bestimmt was und wie ich es machen will. Ich habe nach menschlichem Ermessen alles getan, was ich konnte, um das Leben so führen zu können, wie ich wollte.

Theologisch gesehen war ich genauso gläubig wie jeder andere, der mit einer Religion aufgewachsen ist.
Der eigentliche Wandel, oder der Beginn der Veränderung, begann mit den Durchsagen aus der anderen Welt durch einen jungen Mann. Er war das Medium und teilte uns das mit, was die andere Welt uns mitteilen wollte. Mein Beitrag war nur das Zuhören. Ich sperrte mich nicht gegen diese Neuigkeiten, denn sie waren logisch und verständlich und passten immer in mein eigenes Weltbild. Heute weiß ich, dass das die Voraussetzung für die ganze Veränderung war. Ich war bereit und die Seelen der anderen Seite hatten ihre Freude an diesem Spiel.

Heute und jetzt sind wir beide, meine Frau Marianne und ich, so weit, dass wir, mit der anderen Seite zusammen, selbst anderen Menschen helfen können.

Ja, und wie sieht diese Hilfe heute aus. Es ist, durch Marianne, die Arbeit der Energietransformation, die anderen Menschen hilft. Die Energie, die nicht zu einer Person gehört wird entfernt und mit der Energie des Vaters ausgeglichen.

Energien, die im Körper sind und nicht zu uns gehören, machen krank. Nicht nur die fremden Energien bringen uns in Not sondern auch unsere eigenen Energien. Unser Denken erzeugt ebenfalls Energie. Leben wir in der Liebe so umgibt uns nur eine liebende Energie und wer nicht in der Liebe lebt den umgeben Energien der Nichtliebe. Es sind dann Energien die weder dem Körper noch der Seele gut tun.

Diese Fremdenergie, wird von den Energiewesen der anderen Seite, durch unsere Bitten, entfernt. Mit jeder weiteren Energieentfernung wird unser Körper lichter. Irgendwann fühlt man sich so leicht wie eine Feder. Nichts kann einen erschüttern, alles ist stimmig und in Ordnung. Alles hat seinen Platz. Die Umwelt eines jeden ist für ihn so perfekt, dass er seinen persönlichen Wandel jedem anderen ebenfalls mitteilen möchte. Warum auch nicht, denn jeder möchte doch, dass es seinem Partner oder Freund ebenfalls gut geht.

Von Stimmungen und Gedanken zur Wahrheit

Wir waren gestern auf einer Theaterveranstaltung unseres Dorfes. Die Schauspieler waren von hier und aus der Umgebung. Ich hatte viel Zeit das ganze Geschehen, nicht nur die Darbietung, zu beobachten. Der Veranstalter war ein hiesiger Verein. Was mir am Eingang der Veranstaltungshalle bereits auffiel, war die dunkle Kleidung der Vereinsmitglieder. Alle, die in irgendeiner Weise eine Funktion in dieser Veranstaltung hatten, waren auf die gleiche dunkle Art angezogen. In schwarzen Hosen und ebenfalls schwarzen Hemden oder auch Blusen mit grünem Schriftzug des Vereins.

Nach gut einer dreiviertel Stunde, wir hatten bereits dort gegessen, als ich mich nicht mehr wohl fühlte. Von allen Seiten wurde ich richtig zusammengedrückt. Es war ein Gefühl wie in einer Saftpresse. Ich sprach mit Marianne darüber und ihre Antwort war recht einfach: "Schütze dich doch".

Schnell baute ich mir, aus energetischer Spiegelfolie, einen Umhang, sodass die Fremdenergie in der Halle mich nicht mehr erreichen konnte. Schon einige Minuten später war der Druck vorbei. Von nun an war mein Kopf natürlich hell wach und ich fragte mich: „Warum, wieso und weshalb?"

Mir fielen Gespräche aus den letzten Jahren ein, in denen es immer wieder hieß, dass einige dieser Vereinsmitglieder auch beim Karnevalsumzug, als Hexen oder Teufel verkleidet, mitmachten.

Es ist natürlich nicht verboten, sich an einem Karnevalsumzug so zu beteiligen. Es ist normal und wird auch von vielen Menschen, in ganz Deutschland, so gehandhabt.

Nur, ich möchte auf die Energie zusprechen kommen. Die Energie der Gedanken, die laufend gebildet wird und immer vorhanden ist.

Die Energie im Saal war getragen von den Vereinsmitgliedern in dunkler Kleidung. Das heißt aber auch, dass ihre Gedanken nicht immer hell waren, und diese Gedanken gaben mir das Gefühl der Enge. Und davor musste ich mich schützen. Niemand im Saal merkte etwas von meiner Stimmung und der des Saales.

Jeder Mensch lebt immer in der Stimmung, die er in Gedanken verbreitet.

An einem weiteren Beispiel möchte ich versuchen vergleichsweise eine andere Stimmung zu schildern. Es ist bekannt, dass nicht jeder Mensch eine Oper oder ein Konzert mag. Jetzt stellen wir uns einmal vor, die Menschen, die sonst mit einer Oper nichts anfangen können, sind in einer solchen Vorstellung. Ich könnte mir vorstellen, dass sie sich nicht wohl fühlen.

Die Anwesenden sitzen in den Reihen eines Theaters. Die Kleidung ist sehr erlesen. Die Menschen sind konzentriert und warten auf die Darstellung. Niemand spricht, und wenn, dann nur sehr leise. Jene Menschen, die diese Situation nicht gewöhnt sind, werden sich hier nicht wohlfühlen.

Die Gedankenwelt dieser Menschen im Theater ist eine andere, als die in dem Saal auf dem Dorf. Das heißt nicht, dass sie besser sind, nein, sondern das heißt nur, dass sie eine andere Energie ausstrahlen. Und diese Energie kann man spüren.

Die Frage nach dunklen Gedanken oder dunkler Energie ist sehr schwer zu beantworten. Denn, was ist eine dunkle Energie? Jeder würde mir jetzt und spontan   antworten: „Dunkle Gedanken sind die, die einem anderen einen Schaden zufügen könnten." Es wäre eine Antwort, aber ist sie auch richtig?

Ich sagte vorhin, dass jeder in seiner Energie denkt. Das hieße dann auch, dass niemand weiß was dunkle Gedanken sind, aber das stimmt auch nicht. Jeder weiß was hell und was dunkel ist. Unsere Denkweise geht aber nicht von hell und dunkel aus sondern nur von Gut und Böse und da liegt der Unterschied. Solange der Mensch sich nach den Gesetzen von Gut und Böse richtet, wird er niemals nach hell und dunkel fragen.

Die meisten Menschen sind geschockt oder sehr aufgebracht, wenn sie von dunklen oder bösen Taten hören, umso mehr, je näher eine Tat an ihr persönliches Umfeld herankommt. Es ruft Angst hervor. Da der Mensch im Allgemeinen nicht an Wiedergeburt glaubt, bildet sich am schnellsten die Todesangst heraus. Denn jeder ist der Meinung, dass man in jungen Jahren nicht sterben sollte, denn nur ein langes Leben sei ein erfülltes Leben. Der Glaube an die Reinkarnation setzt in einem solchen Augenblick ganz andere Maßstäbe.

Für das menschliche Zusammenleben gibt es Richtlinien, die sogenannten Gesetze. Ob sie gut oder falsch sind, will ich hier nicht behandeln. Es werden aber immer genügend Grenzfälle vorkommen, die nach dem Gefühl böse und nach dem Gesetz gut sind. Hier zeigt sich, wenn auch nur ansatzweise, der Unterschied von Hell und Dunkel oder Gut und Böse.

Wesentlich größer wird der Unterschied, wenn ich zu dem Gut noch das Wort Liebe hinzufüge. Das würde bedeuten, nicht nur gute Gedanken denken, sondern sie auch noch in Liebe denken.

Erst hier und jetzt, mit dem letzten Teil des Satzes, beginnt die Frage von Hell und Dunkel seine Bedeutung zu bekommen. In Liebe denken heißt grundsätzlich so zu denken, dass keinem Menschen, auch mir selbst nicht, durch ein solches Denken, ein Schaden zugefügt werden kann.

Für fast jeden Menschen ist es normal, dass er niemanden umbringt. Und doch passiert es täglich, dass Menschen, meist von ihren nächsten Bekannten, umgebracht werden. Es sind unsere Gedanken, die so weit von uns selbst in die Dunkelheit geführt wurden, dass sie nicht mehr wissen was Liebe ist, und dadurch, in dieser Dunkelheit, den anderen seelisch verletzen oder gar physisch umbringen.

Wer aber sich mit der Liebe und dem dazugehörigen Denken befassen möchte, der wird sich über viele Veränderungen wundern können. Die erste Entscheidung, zu diesem Schritt, ist der Wille in Liebe denken zu wollen. Es muss eine bewusste Entscheidung sein, nicht so ein „Wischiwaschi", nach dem Motto ich könnte ja aber ich muss nicht immer. So geht es nicht! Nicht, dass man das nicht so machen könnte. Es steht einem frei, aber man würde sich selbst damit keinen guten Dienst erweisen.

Alles hängt in unserem Leben mit Entscheidungen zusammen. Jeder Tat geht eine Entscheidung voraus. Ohne Entscheidungen würden wir keine Taten vollbringen. Wer sich überhaupt nicht entscheiden will, der entscheidet sich dafür, dass andere für ihn entscheiden und das kann dann noch viel schlimmer sein. Sollte eine Entscheidung getroffen worden sein, bei der einem das Ergebnis nicht gefällt, so kann man diese Entscheidung immer wieder neu revidieren bzw. man treffe eine neue, andere Entscheidung. Hat man aber zu einer bestimmten Situation selbst keine Entscheidung getroffen, so kann dieser Zustand auch nicht ändern werden, oder zumindest nicht so schnell.

Treffen Sie also diese Entscheidung „Immer nur in Liebe denken", was passiert dann? Zuerst werden Sie, liebe Leser, überall anstoßen.
Ihnen wird bewusst, dass die meisten Menschen ihre Entscheidungen nicht in Liebe treffen. Man geht über alles und jeden hinweg, ohne zu fragen ob er oder sie es so möchten. Sie benutzen nur ihre Ellenbogen um ihre Ansichten und Meinungen

durchzusetzen. „Ich habe Recht und du hast keine Ahnung", so oder ähnlich lautet dann die Aussage. Wenn widersprochen wird ist im Handumdrehen der schönste Streit vom Zaun gebrochen.

Niemand kann in der Liebe denken wenn er nicht weiß was Wahrheit ist. Denn alles was ich sage ist immer nur meine eigene Wahrheit und die kann ich in Liebe sagen. Die Wahrheit des Anderen muss ich in Liebe anerkennen, ob es auch meine Wahrheit ist, stellt sich erst später heraus.

Jetzt, nachdem dies alles von Ihnen geübt worden ist, stellen Sie fest, dass Sie immer noch nicht weiter kommen, es sei denn, dass jetzt auch noch die Taten in der Liebe folgen.

Niemand kann in Liebe denken, ohne in gleicher Weise Taten folgen zu lassen. Die Kirchen sprechen von Taten der Liebe und meinen damit die Geldspenden für fremde und notdürftige Menschen. Diese Taten meine ich nicht. Ich meine, die Taten gegenüber meinem Partner dem ich immer mit Liebe entgegen komme. Aber nicht nur der Partner hat Anspruch auf liebende Worte, sondern jeder Mensch dem ich begegne.

Ich erfahre sehr viel von Partnerschaftsproblemen, daher möchte ich auch ein Beispiel daraus nehmen.
In jeder längeren Partnerschaft gibt es Schwierigkeiten die aus der Entfremdung entstanden sind. Man hat vergessen, wie es früher war, und lebt so vor sich hin. Jeder macht was er möchte und achtet kaum noch auf seinen Partner. Der Alltag bestimmt im Großen und Ganzen das tägliche Leben. Vielleicht hat der eine oder andere auch noch einen Verein der ihn in Anspruch nimmt, sodass fast keine Zeit für ein persönliches Wort mehr übrig bleibt. Man kommt nach Hause, setzt sich vor das Fernse-

hen und schweigt. Auf einen einfachen Nenner gebracht: Die Frau versorgt das Haus und die Kinder und der Mann geht in die Arbeit, in den Verein oder sieht fern.

Von der noch schwierigeren Variante, dass beide arbeiten gehen, der Haushalt nach Feierabend von beiden Elternteilen irgendwie bewältigt werden muss, will ich jetzt nicht sprechen. Auch die Kinderbetreuung ist in solch einem Leben keine Kleinigkeit.

Was ich damit sagen will, ist, dass eine Partnerschaft eine große Aufgabe darstellt, die wir aber nicht sehen. Weil aber alles insgesamt zu einer Gewohnheit geworden ist, wird diese gewaltige Aufgabe einer Partnerschaft einfach als Kleinigkeit abgetan. Eine solche „Verkleinerung" der Umstände bringt zwangsläufig, der gesamten Gesellschaft so seine Schwierigkeiten. Nicht nur die Partnerschaften leiden unter dieser Gleichgültigkeit, sondern die ganze Gesellschaft. Das kollektive Denken über geschiedene Paare und ihre Schwierigkeiten ist so selbstverständlich vorhanden, dass alles schon wieder normal ist.

Was passiert nun, wenn ein Partner sich diesem Satz, „In Liebe denken und handeln", verschrieben hat? Er sieht seinen Partner und seine Kinder mit ganz anderen Augen an.

Man kann die Personen, mit denen man umgeht, nicht mehr anfauchen, wenn einem etwas nicht passt. Es ist gegen die Liebe. Dieser kleine Satz: „Das war aber nicht in Liebe", bildet sich sofort im Kopf und bleibt solange dort verankert, bis man wieder liebevolle Gedanken pflegt. Denn mein Wille geschehe. Es war ja mein Wille, dieses Denken in Liebe zu praktizieren.

Mein Wille geschehe! Damit ist natürlich nicht mein Wille gemeint sondern Ihr Wille, liebe Leser. Vom Prinzip her stimmt aber beides. Jeder Mensch hat einen eigenen Willen, und der entscheidet was er machen will. Nicht umsonst sagt der Volksmund: „Jeder ist seines Glückes Schmied".

In Liebe denken heißt auch, keinen Streit vom Zaun brechen. Damit das nicht geschieht, ist es wichtig, dass die Wortwahl genau überlegt wird. Ganz zwangsläufig geht es dann nicht mehr, wenn man sich ärgert, dass man ihm ein „du hast ja nicht alle" oder ihr eine „blöde Kuh" an den Kopf wirft. Das sind immer Gedanken und Wörter in der Nichtliebe. Natürlich kann man diese Gedanken und auch Worte nicht von heute auf morgen weglassen und die Satzbildung neu lernen. Einige Rückschläge werden immer noch vorkommen, aber mit jedem nichtliebenden Wort, das ausgesprochen wird, wird man auch daran erinnert, dass es so nicht richtig war. Nach einiger Zeit hat man sich an neue, liebende Wörter gewöhnt und weiß dann fast nicht mehr warum man so kratzbürstig war.

Der Ton oder die Lautstärke wird sich auch mit der Wortwahl ändern. Denn wer nicht angegriffen wird der braucht sich auch nicht verteidigen. Sollte es aber trotzdem noch vorkommen, dass Sie angegriffen werden, so gehen Sie einfach davon aus, dass der Andere es nicht besser weiß. Es ist seine Wahrheit und die muss er verteidigen. Sie aber wissen, dass die Wahrheit bei jedem anders ausfallen kann, je nach Wissensstand und Kenntnis.

Noch etwas habe ich in meiner eigenen Partnerschaft erkennen müssen. Der Wortschatz zwischen Mann und Frau ist in der Bedeutung nicht der gleiche. Jeder Partner geht das gleiche Problem von einer anderen Seite an. Jeder hat seine Sicht der Dinge.

Es sollte eine Selbstverständlichkeit sein den Gesprächspartner sofort Fragen zu können, wie er es gemeint hat, und ob man es auch richtig verstanden habe. Fehlt dieses Nachfragen so können wieder neue Missverständnisse entstehen.

Was den Zeitraum angeht, den man braucht, um das alles in sich aufzunehmen, was man lernen wollte, kann man nichts Genaues sagen. Es hängt alles vom eigenen Willen ab. Wir sind für uns selbst verantwortlich und setzen unsere Grenzen selbst.

Jetzt gehen wir mal davon aus, dass Sie eine Weile diese neue Gedankenform gut geübt haben. Irgendwann werden Sie sich fragen: Was hat sich eigentlich in der letzten Zeit geändert? Der Partner macht immer noch ein komisches Gesicht und die Kinder sind auch noch nicht so in ihrem Benehmen wie sie sein sollten.

Es hat sich doch vieles geändert! Wenn Sie jeden einzelnen in Ihrer Familie beobachten, werden Sie feststellen, dass sich der Ton geändert hat. Er wurde und wird weiterhin liebevoller.

Nur dürfen Sie, als die erste Person in Ihrer Familie, mit diesen liebevollen Gedanken und mit Ihrem Fleiß nicht aufhören. Auch die Geduld ist eine Tugend, die man lernen muss.

Um das Ganze noch etwas zu beschleunigen, und den Geduldsfaden nicht überzustrapazieren, kann man natürlich auch die Liebe selbst bitten, sich in der Familie auszudehnen. Für mich wird diese Liebe von Gott, dem Vater aller Dinge, verkörpert. Also bitten wir einfach Gott um seine Liebe für alle Familienmitglieder.

Wieder werden Sie, liebe Leser, nach einiger Zeit feststellen, dass sich der Umgangston noch einmal verändert hat.

Jetzt kommt der Glaube ins Spiel. Nicht der Glaube an eine Religion mit allen ihren Regeln, sondern der Glaube an einen Gott der nur in Liebe handelt. Der noch nie einen anderen Gedanken hatte als sich liebevoll mit uns zu unterhalten.

Wenn Sie jetzt die Umwelt, und vor allem die Familie genau betrachten, so werden Sie immer mehr Veränderungen feststellen, und das sind die kleinen Beweise die man braucht um Vertrauen auf sich selbst und die Liebe zu gewinnen. Von nun an wird Ihnen das Leben verträglicher vorkommen. Es wird alles ein wenig leichter von der Hand gehen. Ihre Helfer aus der geistigen Welt wissen nun, dass Sie in der Liebe weiter leben wollen.

Der Glaube versetzt Berge, sagt der Volksmund. Es sind die Berge in unseren Köpfen die uns blockieren: kein Vertrauen, Angst vor einer unbekannten Veränderung, was würden die Leute sagen, usw..., alte Gewohnheiten, anerzogene Schwächen und nicht den Mut sie zu überwinden.

Das alles ist für Sie bereits Vergangenheit. Sie gehören nun zu den Menschen, die bereits voller Vertrauen in die Zukunft blicken.

Der Aufruf

Eines ist mir, wie auch meiner Frau, und allen Lesern klar. Niemand kann diese Aufgabe, so wie ich und Marianne sie uns vorgenommen haben, alleine durchführen. **Wir brauchen Helfer.** Wir brauchen Mitmenschen die sich von uns mitreißen lassen. Die die gleiche Begeisterung an den Tag legen wie wir.

Lassen Sie sich, liebe Leser, von uns anstecken und machen Sie mit.

Haben Sie keine Angst vor dem Unbekannten, Sie werden nie alleine sein.

Wie würde eine solche Mitarbeit aussehen? Diese Frage habe ich mir gerade selbst gestellt. Aber so genau kann ich sie nicht beantworten denn es liegt immer an jedem einzelnen. Ich weiß zwar was ich will, aber ob die Personen, die sich für diese Aufgabe zur Verfügung stellen, es sich auch so vorstellen, dass weiß ich natürlich nicht. Aber das alles ist noch Zukunftsmusik. Zum jetzigen Zeitpunkt habe ich gerade unser erstes Buch im Umlauf. Es ist jetzt ein Jahr im Verkauf und hat den Titel: „**Wir sind alle Teil des Ganzen**". In der Zwischenzeit ist dieses Buch auch fertig. Es ist dem Ersten sehr ähnlich, nur ausführlicher geschrieben. „**Die Einheit in der Vielfalt**" ist der Titel. Er ist uns von drüben vorgeschlagen worden.

Mit den meisten Menschen, die sich bei uns einen Rat oder auch Hilfe geholt haben stehen wir noch in Verbindung. Es gibt Menschen, die brauchen nur für den Augenblick einen Rat, sind damit zufrieden, und tauchen nie wieder auf. Ein anderer Teil der Ratsuchenden kommt eine Weile, merkt, dass man sich selber bewegen muss, denn von alleine geht schließlich nichts, und bleibt dann auch weg.

Wer jedoch bei der Stange bleibt, kann am eigenen Körper erfahren wie schön und wohltuend eine Zusammenarbeit mit der geistigen Welt ist. Das ist die eigentliche Arbeit von mir und meiner Frau, Menschen auszubilden. Es ist uns eine Freude, allen, die sich entschieden haben, einen neuen Weg im Leben zu gehen, dorthin zu führen, wo sie wiederum anderen Mitmenschen, mit ihren Fähigkeiten helfen können.

Einige, die sich durch uns weiterbilden konnten, können heute schamanisch Reisen und damit sich selber vor vielen Krankheiten schützen. Es ist der erste große Schritt, den man benötigt und der einen überzeugt, dass man auf dem richtigen Weg ist. Jeder, der anderen Menschen helfen will, muss sich erst selbst helfen. Diesen Weg zur Selbsthilfe, den begleiten wir. Wir zeigen ihm oder ihr, wie alles durchgeführt wird.

Das schamanische Reisen ist die erste Energiearbeit die jeder lernt. Natürlich kann nicht jeder Mensch auf Reisen gehen. Es ist ein Gedankenspiel welches ein wenig Übung erfordert. Wenn es aber einmal beherrscht wird macht es einen riesen Spaß, erleichtert das eigene Leben und hilft auch anderen.

Ich weiß, dass viele Menschen diesen Weg gerne gehen möchten. Der Weg dahin ist nur nicht so leicht erkennbar wie der Weg zum nächsten Bäcker. Wer ihn jedoch gehen möchte, und den

Mut hat mich anzurufen, dem kann ich den Weg zeigen. Aber gehen muss er ihn selbst.

Liebe und Licht ist die Kraft
die alles schafft und möglich macht.

Marianne und Peter

Eigene Notizen